Helge Adolphsen / Hermann Rauhe
Lob des Lebens

Helge Adolphsen · Hermann Rauhe

Lob des Lebens

Vom Sinn der reifen Jahre

Kreuz

Inhalt

Vorwort

An diesem Buch zu schreiben war ein Abenteuer und ein Gesundbrunnen. Der eine der beiden Autoren, Lehrer und Musiker, Professor für Musikwissenschaft und Musikpädagogik, Erziehungswissenschaft und Mediendidaktik und Präsident der Hamburger Hochschule für Musik und Theater seit 1978, Entertainer und Kulturmanager, wollte schon seit zwanzig Jahren über Glück und Lebenskunst schreiben, sammelte Literatur und wagte Ansätze dazu in vielen Lehrveranstaltungen und Veröffentlichungen.

Der andere Autor, Prediger aus Leidenschaft auf Kirchenkanzeln und im Rundfunk, Schreiber vieler Meditationen und Veröffentlichungen zu Predigttexten, Seelsorger und kirchlicher Manager am bekannten Hamburger Michel, wurde umgetrieben davon, seine Einsichten über die Lebenskunst als Kunst des Liebens noch mehr Menschen nahe zu bringen.

Beide fanden sich und wurden Freunde. Zusammen mit ihren Frauen dachten sie nach, entwickelten Ideen und Pläne. Die Gespräche über »unser Buch« auf Sonntagsspaziergängen, in gemeinsamen Urlauben wurden immer intensiver. Beglückend, wie sich Übereinstimmung in Grundfragen, Ansichten und Zielvorstellungen ergab. Das besondere Glück seltener Freundschaft, hier im Duett und Quartett, machte Lust und begeisterte. Da war plötzlich mehr als nur engagiertes Wahrnehmen dessen, was der andere tut, für die Musik oder die Kultur, für die Theologie oder den freimachenden Geist einer offenen Kirche für alle Menschen.

Nachdenken über Seniorenkultur – damit fing es an, dieses zukunftsweisende Projekt für die Aktivierung der

Generation 50 plus. Früher galten für die Älteren die drei »K's«: Küche, Kinder, Kirche. Heute gelten die drei »S's«: Sehnsucht, Sonne, Selbstverwirklichung. Aber dabei war die Kirche herausgefallen, was alle vier Mitschreiber störte. Eine Anleitung zur Lebenskunst mit einfachen Regeln sollte her, die auf gewachsener Lebenserfahrung und -weisheit beruhen, die in der christlichen Tradition enthalten und die von den großen Philosophen von der Antike bis heute aufgeschrieben sind.

Konzeptionsentwürfe, Formulierungsvorschläge, Erkenntnisse der Philosophie, Ethik und Ästhetik, der Psychologie und Musiktherapie, eigene Lebenserfahrungen bewegten und begeisterten uns. Wir entdeckten, dass Musik ein Modell sinnerfüllten Lebens und dass gelingendes Leben wie gut komponierte, gespielte und gehörte Musik ist. Wir begannen zu schreiben. Und plötzlich war auch die Aufgabenteilung klar und selbstverständlich wie so vieles andere. Hermann Rauhe schrieb Seite um Seite, diktierte Massen von Bändern. Und Helge Adolphsen schrieb nach der Vorlage, die weit mehr war als eine Stoffsammlung. Er kürzte, fasste zusammen, ergänzte, vertiefte, schrieb neue Teile. Und wir merkten: Es ist nicht mehr säuberlich zu unterscheiden, wer was gesagt, geschrieben und formuliert hat. Also wählten wir ehrlicherweise die Ich-Form als Stilmittel. So geht durcheinander, wer was erlebt, gedacht und gesagt hat. Es stimmt und klingt zusammen. Es ist eins, und es ist ganz.

In unserem Buch werden die Beziehungen vom Ich zum Du, vom Ich zum Wir, vom Ich zur Welt entfaltet. Das Ich erscheint in seinen vielfältigen Beziehungen. Die großen Fragen der Weltgestaltung werden keineswegs ausgeblendet. Aber wir legen Wert auf Besinnung und Umdenken, setzen darauf, dass sich zukünftig Eigenverantwortung stärker mit Mitverantwortung verbindet. Wir schreiben für Menschen, die Selbstbestimmung in Selbstbesinnung erproben wollen, Selbstverwirklichung nicht auf Kosten anderer suchen und Selbstliebe praktizieren wollen, die

Nächstenliebe einschließt. Gerade Menschen in reifen Jahren wollen sich als wichtig, wertvoll, würdevoll erleben und einbringen. Sie wollen eigenständig denken, fühlen und handeln. Wollen selbst nach ihren Wurzeln graben, selbst bestimmen, wie sie leben. Die Generation der ab Fünfzigjährigen steht mitten im Leben, ist engagiert, dynamisch, wertorientiert. Sie erlebt die jetzige Wendezeit als Aufbruchszeit. Sie sieht, dass im Jahre 2010 jeder vierte Deutsche über sechzig Jahre alt sein wird, zwanzig Jahre später jeder Dritte. Menschen dieser Generation spüren: Es ist nie zu spät, einen eigenen Lebensentwurf zu wagen, eine eigene »Lebenspartitur« als bewusst gestaltete Lebensgeschichte zu schreiben.

Unser Buch wurde zur geistigen Grundlage und zur »Philosophie« von NEW GENERATION, einer geistigen Bewegung von und für Menschen ab 50, die Eigeninitiative entwickeln wollen. Wir haben diese Bewegung als Verein in Hamburg organisiert und in weniger als zwei Jahren über 2.500 Mitglieder zusammengeführt. Filialisierungen in anderen großen Städten werden vorbereitet. Mitglieder haben das Profil von NEW GENERATION nach den Buchstaben des Vereinsnamens so formuliert:

N eues erleben
E igenverantwortung übernehmen
W issen weitergeben

G emeinsamkeiten entdecken
E rfahrungen austauschen
N ächstenliebe praktizieren
E ntfaltungsmöglichkeiten wahrnehmen
R ückhalt geben
A ufbrüche wagen
T oleranz üben
I deen verwirklichen
O ptimismus pflegen
N etzwerke bilden.

Wir wünschen den Leserinnen und Lesern so viel Lust, Begeisterung und das Abschreiten weiter Horizonte, wie wir es erlebt haben.

Wir danken Heike Schröder, die das Manuskript mit viel Sorgfalt erstellt hat.

Helge Adolphsen   *Hermann Rauhe*

im November 1998

Lieben und geliebt werden

1. Liebe schafft Leben

 Zwei Menschen finden sich. Sie streben zueinander. Zärtlichkeit macht ihre Zuneigung schön. Der Wunsch, einander ganz nahe zu kommen, bringt ihre Körper zueinander. Wenn sie sich vereinigen, sind alle ihre Sinne beteiligt. Ihre Liebe wird groß und tief.

Aus ihrer Liebe zueinander wächst zugleich neues Leben. Am Anfang alles Lebens waltet die Liebe. Sie ist die schöpferische Kraft des Lebens wie ihr tiefstes Geheimnis, von dem Schöpfer allen Lebens in Mann und Frau hineingegeben.

Ein Mensch, das Kind der Liebe, wächst im Mutterleib heran. Auch dort wirkt die Macht der Liebe. Der Herzschlag, der Atem und der Stimmklang der Mutter vermitteln dem werdenden Menschen Geborgenheit. Die Ablehnung des Kindes, innere Unruhe und zu große Dissonanzen in ihrem Leben teilen sich dem Kind direkt mit. Für ein gedeihliches und gesundes Werden und Reifen sind positive Erfahrungen, harmonisches Gestimmtsein und Wohlklänge des Lebens die wichtigsten Bedingungen. Hier

Geborgenheit schafft Vertrauen.

wird der Grundstein gelegt für die Fähigkeit, Geborgenheit zu erleben, Vertrauen zu entwickeln. Heimat ist das, »was allen in die Kindheit scheint«, heißt es bei Ernst Bloch. Das ist nicht nur auf die ersten Lebensjahre zu beziehen, sondern auch auf die allen Menschen gemeinsame Heimat im Mutterleib. Nie wieder leben wir so behütet und geschützt wie in den ersten neun Monaten unseres Lebens.

11

Je unruhiger und anstrengender das Leben wird, je mehr wir überfordert werden, desto größer wird die Sehnsucht nach dem Zustand totaler Geborgenheit.

Wer wie ich die Wirkungen der Musik auf die Entwicklung vorgeburtlichen Lebens untersucht hat, wundert sich nicht über ein auffälliges Erscheinungsbild unserer Zeit. Auf der Straße und am Steuer, in der U-Bahn und in Warenhäusern sehen wir zumeist junge Menschen mit Kopfhörern eines Walkman. Sie sehnen sich nach Geborgenheit und »kriechen« in den akustischen Uterus des technischen Geräts hinein. Ich deute das als Flucht in die rhythmisch-pulsierende Klangwelt. Sie vermittelt auf imaginäre Weise das, was das Leben sonst nicht bietet.

Mit der Geburt sind Anstrengungen verbunden, für Mutter und Kind. Wir kommen nicht anders zur Welt als durch einen engen und dunklen Kanal. Das Licht der Welt

Liebe stärkt
die besten Kräfte im Menschen.

ist nur um den Preis der Trennung und der Angst zu haben. Diese bei und nach der Geburt auftretende Trennungsangst wird besänftigt und geheilt durch die hör- und fühlbare Nähe von Mutter und Vater. Es ist uralte Menschheitserfahrung, dass Wiegenlieder und motorische Rhythmen, die dem Herzschlag der Mutter entsprechen, das Kleinkind beruhigen und positiv stimmen. Sie stärken das Urvertrauen und fördern das Vertrauen in die Liebe, die uns wohlklingend umfängt. Menschen werden so zu Klangkörpern der Liebe, mit Tönen und vertrauten menschlichen Stimmen.

So wird dem Heranwachsenden Verlässlichkeit und Beständigkeit sinnlich vermittelt: Liebe schafft Leben und stärkt die besten Kräfte im Menschen.

Bekannt ist das Experiment des Königs, der Kinder von aller Ansprache isolierte, um zu erfahren, welches die eigentliche menschliche Sprache sei. Die Kinder begannen aber nicht, hebräisch zu reden, wie er erwartet hatte, sondern sie verkümmerten und entwickelten sich unnormal. Wo die Liebe keine Zuwendung in Tönen und Worten vermittelt, lernen wir niemals, in Beziehungen zu leben und das Leben zu lieben.

Der Soziologe Peter L. Berger schildert einen uns allen bekannten Vorgang. Ein kleines Kind weint herzzerreißend, weil es schlecht träumt. Die Mutter tritt an sein Bett, nimmt es auf ihren Arm, streichelt ihm über den Kopf und sagt nur vier Worte: »Es ist alles gut.« Durch diesen Satz verändert sich die Welt überhaupt nicht. Aber die Angst ist gebannt. Für das Kind hat die Welt ein gutes Ge-

Liebe bannt die Angst.

sicht statt ein schreckliches erhalten. Liebe ist eine wahrhaft schöpferische Kraft, die Angst nimmt und Frieden schenkt. Sie kann die grausame in eine gute Welt verwandeln.

Wenn Kinder heranwachsen, gehen sie ihre eigenen Wege. Sie müssen auch den Aufstand gegen die Eltern proben und sich an ihnen reiben und mit ihnen kämpfen. Wer selbst von der Liebe lebt, wird die Tür vor seinen

Die Liebe gibt nie einen Menschen auf.

Kindern niemals verschließen. Ob sie sich getrennt haben oder zu Mördern wurden – die Liebe gibt niemals einen Menschen auf. Das tiefste Bild dafür ist das des Vaters der beiden Söhne aus dem Gleichnis Jesu. Als der verlorene Sohn dreckig und abgerissen nach einem abenteuerlichen Leben zurückkehrt, weil er nicht mehr weiter weiß, läuft ihm der Vater entgegen, weint vor Freude und schließt ihn in seine Arme. Die Liebe hat immer offene Arme. Sie verzeiht liebevoll und schenkt neues Leben. Der Vater im Gleichnis fragt nicht nach Schuld und sinnt nicht auf Strafe. Er feiert ein Fest, weil seine Freude über den neu geschenkten und wieder geborenen Sohn übergroß ist.

Liebende leben von der Vergebung. Vergebung hat schöpferische Kraft. Keine Ehe würde gelingen, keine Beziehung zwischen Partnern und zwischen Kollegen möglich sein, gäbe es nicht die heilende Kraft der Vergebung. Sie löst Schuldvorwürfe ab, befreit aus den Zwängen, sich selbst für gerecht und den Streitpartner für den allein Schuldigen zu halten, aus der Steigerung der Wut und dem pauschalisierenden Reden: »Immer machst du das, bist du so!« Es muss nicht immer der deutlich oder reuevoll ausgesprochene Satz sein: »Ich bitte dich, entschuldige mich.« Ebenso bedarf es nicht der Worte »Ich verzeihe dir.« Das wortlose In-den-Arm-Nehmen, der Blumenstrauß, die aufgelegte CD mit der gemeinsamen Lieblingsmusik als Erinnerung an das gemeinsame Hochgefühl der Liebe – Variationen aus dem reichen Schatz, den die Sprache liebender Vergebung kennt. Da ist das Leben dann wie ein Fest. Da wird die Lie-

Liebende leben von der Vergebung.

be wieder jung und frisch wie früher, aber nun noch tiefer und reicher. Da wird Befreiung aus Schuld und Einsamkeit in neu gewährter Gemeinschaft der Liebe erfahren.

Ein Drittel aller Ehen in Deutschland wird inzwischen geschieden. Und das, obwohl sie alle mit großen Hoffnungen und Erwartungen begonnen wurden. Jedes Scheitern einer Ehe bedeutet ein Sterben mitten im Leben. Die sich liebten, erleben und erleiden den Tod ihrer einmaligen Beziehung.

Einer der Gründe für das Zerbrechen so vieler Ehen liegt darin, dass wir nicht ausreichend viele und tiefe Erfahrungen machen mit der Kraft der Liebe, die Vergebung und Neuanfang ermöglicht. Wir üben uns nicht konzentriert genug ein in den Glauben an diese schöpferische Kraft der Liebe, wagen es nicht, darauf zu setzen.

Es geht mir primär nicht um das Handwerk der Liebe, die kleinen Handgriffe, Fertigkeiten und Geschenke. Sie gehören zu einer Kultur der Liebe. Und die will gepflegt werden. Wichtiger noch ist mir die Tiefenschau der Liebe. Habe ich die, weiß ich: »Ich bin dein und du bist mein. Ich habe dich als unverdientes Geschenk erhalten und du mich.« Das ist das festeste Fundament. Aber ich habe es nur im Glauben an die Liebe. Ich werde dann gegen alles angehen, was dieses Fundament zerbröckeln und gefährden will. Ich werde dann nicht nur siebenmal vergeben, sondern siebenmal siebzigmal. Ich werde mich in meinem

Verwechseln wir Liebe nicht mit Harmonie!

Glauben an die Liebe nicht beirren lassen, wenn der andere beruflich überlastet ist, krank wird, wenn sie Falten kriegt und sich gegenüber meinem früheren Bild von ihr verändert. Der Glaube an den Partner, der mir bestimmt ist, nimmt es auf mit Spannungen und bewährt sich auch in Dürreperioden und Zeiten äußerer Trennung. Er verhindert, dass wir Liebe mit Harmonie verwechseln. Dieser Glaube erlaubt eine positive Streitkultur. Auseinandersetzungen gehören zur Ehe wie zu jeder Beziehung zwischen Menschen. Sich auseinander zu setzen spielt sich auf zwei Ebenen ab und meint immer etwas Positives. Wo sich Fragen, Konflikte und Streitpunkte zusammenballen, müs-

Konstruktives Streiten verbindet.

sen wir uns aus der Verdichtung der beiden Personen wie der sachlichen Argumente lösen. Im eigentlichen Sinne des Wortes müssen wir uns »auseinander setzen«, voneinander abrücken, neben das scheinbar unentwirrbare Knäuel von Konflikten treten. Dann müssen wir die sachliche Ebene von der persönlichen unterscheiden. Nur wer so sortieren kann, hat die Chance, zur Konfliktlösung beizutragen. Er wird dann nie zum Gegner und Andersdenkenden sagen:

15

»Du bist so halsstarrig, nachtragend, aufbrausend.« Stattdessen wird er den anderen in seinen Äußerungen und in seinem Verhalten konkret kritisieren und sagen: »Du hast eben dieses gesagt, jenes getan. Das verstehe ich nicht, jenes macht mir Mühe.« Niemals wird er so das Herz, das Wesen und die Person des anderen angreifen. Niemals wird er sich hinreißen lassen, »unter die Gürtellinie« zu zielen. Die Unterscheidung zwischen Person und Sache ist die Kunst hilfreichen Streitens und die Methode einer positiven Streitkultur. Die Ehe ist das weite und zweifellos auch

Das liebevolle Gespräch ist die Grundlage
einer gelingenden Beziehung.

schwierige Trainingsfeld für den Glauben an die Liebe und ihre schöpferischen Kräfte. Dieser Glaube verbietet, vorschnell auseinander zu gehen und in der Trennung das eigene Heil zu suchen. Wer so glaubt, vermag viel mehr, als er sich oft zutraut. Wir müssen viel mehr miteinander sprechen, um den Glauben an die Liebe zu befestigen. Auch das müssen wir neu lernen. Wenn Eheleute nicht nur im hingebenden Gespräch geübt sind, sondern selbst

Lerne loszulassen.

zum liebenden Gespräch werden, können sie unendlich viel ertragen und gemeinsam tragen. Sie sprechen und leben »abgestimmt«, hörfähig und sensibel miteinander – in der Freude an der Liebe.

Liebe schafft Leben. Sie begründet und durchzieht unser ganzes Leben. Sie steht an seinem Anfang wie an seinem Ende.

Wenn wir älter werden, müssen wir lernen, loszulassen. Die Kinder gehen aus dem Haus, wir haben mehr Zeit, die auf Füllung wartet. Die jugendlichen Kräfte schwinden. Wir werden anfälliger für Krankheiten, registrieren Schwächen empfindlicher, erleben intensiver, dass wir nun zu der Generation gehören, die mit Sterben und Tod konfrontiert wird. Ein Freund sagt dazu etwas ironisch: »Die Einschläge kommen näher.« Aber andere Kräfte, die der Konzentration, der Weisheit und des Verstehens werden stärker.

Der Schatz der Erinnerungen an geglücktes Leben kann ältere Menschen so reich und fähig machen, dass sie davon anderen, Kindern und Enkeln und Nachbarn austeilen. Es ist das besondere Privileg und die hohe Kunst des Alters,

Nimm Anteil am Leben anderer.

Anteil zu nehmen am Leben anderer, ohne sich selbst und den eigenen Rat aufzudrängen. Ältere Menschen können ihre Lebensweisheit in den Dienst anderer stellen, ohne sie auf ihre Erfahrungen festzulegen. Sie sind gefragt und sie werden gebraucht, wenn sie nicht Dank erwarten, sondern aus dem Dank für ihr eigenes Leben heraus am Leben anderer Anteil nehmen. Viel zu viele ältere Menschen sind verbittert und werden grantig. Sie sagen: »Undank ist der Welt Lohn«, und »Eine Mutter kann fünf Kinder großziehen, aber fünf Kinder können nicht eine Mutter ernähren.« Wer tief dankbar ist, fordert nichts. Er wird selbst aktiv, ohne sich aufzudrängen, lebt aus dem Danken und freut sich, wenn nicht er selbst, sondern die anderen im Mittelpunkt des Lebens stehen.

Wir leben in einer Zeit, in der alles Dunkle und Negative verdrängt wird. Immer seltener sterben Menschen zu Hause, sie werden abgeschoben. Es wird viel anonymer gestorben als früher. Immer weniger Menschen gehen in Großstädten zur Beerdigung. Schmerzen betäubt man. Der Medikamentenkonsum steigt. Idole sind der jugendliche Held voller Kraft und die strahlende Diva ohne äußeren Makel. Wer alt ist, gilt als unbrauchbar, unnütz und überflüssig. Ob einer uns helfen kann, entscheidet über seinen Wert als Mensch. Wer nicht mehr kann, gilt nichts mehr.

Solche Sicht macht das Leben unbarmherzig. Leben ist in seinem Wert unabhängig von Tatkraft und Erfolgen. Solange ein Mensch Liebe empfangen und Liebe geben kann, ist es vollgültiges Leben. Auch das von Krankheit und Behinderung gezeichnete Leben ist sinnvoll durch die Liebe. Sie gibt allem Leben Maß und Würde, Ehre und Ziel. Das wird nirgends deutlicher als ganz am Ende des Lebens. Der Sterbende ist ganz auf die Nähe eines geliebten Menschen

Auch eingeschränktes Leben wird sinnvoll durch die Liebe.

angewiesen. Er klammert sich an ihn, weil er Angst hat, aber auch ahnt und glaubt, dass die Liebe stärker ist als der Tod. Liebende können in solchen Lebenszeiten viel dazu tun, dass der Tod gnädig erscheint. Sie können Schmerzen lindern, Qualen erleichtern und dem anderen helfen, seinen eigenen Tod würdig zu sterben. Worte vorsprechen, mit Sterbenden beten, eine Lieblingsmelodie oder einen Choral summen oder singen – das stärkt die geistig-seelischen Kräfte der Sterbenden. Die Liebe geht immer davon aus, dass die eine Hand die andere fühlt, auch wenn der sterbende Mensch kein Zeichen mehr geben kann. Wie die

Liebe bleibt den Sterbenden nahe.

Hand am Anfang des Lebens als erstes Zuwendung vermittelt, so sollte sie es auch an seinem Ende tun. Die Liebe vertraut ganz ursprünglich aber gewiss darauf, dass ihr Wort gehört wird, auch wenn es keine Antwort mehr findet. Sie spricht dann ohne Worte weiter von Hoffnung und Trost, von Dank und Gemeinsamkeit, die kein Ende haben.

2. Liebe deinen Nächsten wie dich selbst

Jahrhundertelang haben die Menschen vor uns nur den ersten Teil dieses Doppelgebotes der Liebe betont. Liebe war eine Form höchsten Altruismus, das ständige Opfer und die permanente Selbstpreisgabe ihre höchste Erfüllung. Mütter opferten sich für ihre Kinder und ihren Mann auf, Väter gaben ihr Leben hin für Volk und Vaterland, Christen verzehrten sich für ihre Kirche. Heute erkennen wir, dass Liebe zum Wohle der Mitmenschen das eigene Selbst nicht verkümmern oder gar auslöschen darf. Liebe ist auf die Selbsterhaltung genauso bedacht wie auf das Wohl des Nächsten. Kein Mensch kann immer nur geben, er muss auch empfangen. Sich für andere völlig aufzuopfern schafft eine innere Leere.

Ist ein Mensch leer und ausgebrannt, erlahmen auch seine Kräfte der Liebe und Hingabe. Neue Lebens- und Liebeskraft wächst ihm zu, wenn er sich selbst geliebt und

Nur wer geliebt wird, kann sich selbst und andere lieben.

angenommen weiß. Aus diesem Wissen heraus kann er sich selbst annehmen und lieben und sich anderen Menschen wiederum liebend zuwenden.

Nur wer sich selbst annimmt, kann auch andere annnehmen.

Bleibt einem Menschen die Erfahrung liebender Annahme verschlossen, seine innere Leere ungefüllt, wird er sich nicht als der Liebe wert empfinden. Er zieht sich in sich selbst zurück und kann auch anderen Menschen nicht mit Liebe begegnen.

Nur wer zum Frieden gefunden hat in der Liebe, wird anderen von seinem Frieden schenken können!

Weil wir das heute klarer erkennen, betonen wir stärker als früher den zweiten Teil des Doppelgebotes der Liebe.

Wie wir andere lieben können und sollen, wissen wir sehr genau, wenn wir unsere eigene Sehnsucht nach Liebe und

Liebe den anderen so,
wie du selbst geliebt werden möchtest.

Geliebtwerden aufmerksam wahrnehmen. Insofern gehören die Goldene Regel Jesu, die in der Bergpredigt formuliert und die dem kategorischen Imperativ von Immanuel Kant verwandt ist, und das Gebot der Nächstenliebe ganz eng zusammen:

»Alles nun, was ihr wollt, dass euch die Leute tun sollen, das tut ihnen auch.«

Alles aber wird falsch, wenn ich mich nun selbst zum Maß aller Dinge mache. Richtige Selbstliebe und nackter Egoismus sind wie Feuer und Wasser. Die Kunst des Liebens liegt in der eigenständig gestalteten Balance zwischen der auf andere und der auf mich selbst gerichteten Liebe.

Fordere nicht Liebe – gib sie.

Sie gelingt dem am besten, der die Liebe als Geschenk für sich und als Quelle seiner schöpferischen Möglichkeiten versteht. Wer sich dafür öffnet, wird das Geheimnis erfüllten Lebens darin entdecken, mehr Liebe zu geben als zu fordern. Jede Liebe, jede gute Tat, jedes Streicheln und jedes mutmachende Wort tragen ihren Lohn in sich. Wer wahrhaft liebt, rechnet nicht, rechnet empfangene Liebe weder auf noch gegen. Er freut sich einfach und so, wie nur Kinder es können, an ihrem Geschenk. Er vergleicht auch nicht, wie viel er und wie viel der andere erhalten hat. Rechnen lässt die Liebe sterben, und Vergleichen ist ihr Tod.

Liebe durchdringt unser Denken, Fühlen und Handeln, unser Wahrnehmen und Verstehen. Im biblischen hohen Lied auf die Liebe preist Paulus sie zu Recht als die Größte unter der Dreiheit Glaube, Liebe, Hoffnung. Sie hat die Macht, Menschen zu verwandeln, weil sie uns hinein-

nimmt in den großen Strom der Lebensenergie, der die
Menschheit seit Jahrtausenden lebendig erhält und die

Wer sich hingibt, findet sich selbst.

größten kulturellen und menschlichen Leistungen hervor-
gebracht hat. Es waren die Höhepunkte menschlichen Zu-
sammenlebens, wo gehandelt wurde nach der Erfahrung:
Wer sich anderen in der Liebe hingibt, findet sich selber,
wer sich verliert, gewinnt sich selbst. Aus vielen Ab-
schiedsbriefen großer Liebender leuchtet diese tiefe Wahrheit auf.

Aber was ist mit den Menschen, die Liebe nie erfahren
haben und die sich selbst daher nicht lieben können? Für
viele ist das Wort Liebe zu groß, und solche Gedanken sind
zu weit entfernt von ihnen. Sie werden von Selbstzwei-
feln und Minderwertigkeitsgefühlen gequält. Sie können
sich nicht frei und offen anderen zuwenden, weil sie zu
viel mit sich selbst zu tun haben. Viele haben auch
schlechte Erfahrungen mit der Lieblosigkeit anderer gemacht und trauen sich nichts mehr zu. Sie klagen: »Mich
liebt keiner! Ich habe keinen Menschen!« Für sie ist umgekehrt der Weg zur Nächstenliebe einer, der die Liebe zum
geschwächten Selbst stärkt.

Keiner kann die ganze Menschheit lieben. Keiner soll
große Liebesbeweise liefern. Niemand muss Weltmeister
der Nächstenliebe werden. Hier gilt die Kunst der kleinen
Schritte! Sich überwinden und auf den anderen zugehen,
das erste Wort sagen, nicht die Augen niederschlagen, sondern ihn offen ansehen, durch einen Gruß eine zerrissene
Beziehung wieder aufleben lassen, ein Kompliment wagen, von sich selbst sprechen – erste zaghafte Schritte

Die Kunst der kleinen Schritte.

werden sicherer und fester, wenn ich mich dem Strom der
Liebesenergie ganz öffne. Wir werden frei davon, uns auf

unsere eigenen Schwächen zu fixieren. Wir lieben! Wer so liebt, wird selbst verwandelt. Die Liebe macht aus ihm einen neuen, einen liebenden und geliebten Menschen zugleich.

3. »Man sieht nur mit dem Herzen gut«

Antoine de Saint-Exupéry

»Liebe macht blind«, sagt der Volksmund. Das mag stimmen für die Hochzeiten überwältigender Gefühle, in denen wir die ganze Welt vergessen. Aber Liebe ist mehr als Rausch und Ekstase. Sie erweist ihre schöpferische Kraft in den Alltagen und Ernstfällen des Lebens. Liebe macht sehend, setze ich gegen den sprichwörtlichen Satz. Ich plädiere für ein tieferes und herzlicheres Sehen. Unsere Augen können uns über andere täuschen. Sie nehmen oft nur Äußerliches wahr, reichen nicht weiter als bis zur Oberfläche. Der Schluss vom Äußeren aufs Innere ist oft genug ein Kurzschluss. Das gilt gerade in einer Zeit, in der die Reize und Bilder uns überfluten und überfordern. Reklame und Werbung, Fernsehen und schreiende Fotos gaukeln uns eine faszinierende Scheinwelt vor.

Wir müssen den Augen das Herz zuschalten! Das ergibt eine doppelte, ja vervielfachte Perspektive. So zu schauen verhindert oberflächliches, abschätziges und nur prüfendes Sehen. Mit dem Herzen sehe ich einen anderen niemals nur als Gegner und Konkurrenten, als Objekt oder Fall. Ich kann mich dann in ihn hineinfühlen und habe

Sieh den anderen mit dem Herzen – und du verstehst ihn.

ihn schon erreicht, ehe meine Augen mein eigenes Bild von ihm bestätigen. Inneres Sehen ist tieferes Sehen.

Nur das Sehen mit dem Herzen macht taktvoll, vornehm und ehrerbietig anderen gegenüber. Es dringt nicht in das Innerste anderer ein, respektiert ihr Eigenleben, ihre je eigene Welt, ihre Würde. Wer mit dem Herzen gut sieht, weiß, dass wir einen anderen Menschen nie ganz durchschauen und erkennen können. Darum kennt das Sehen des Herzens kein Be- oder Verurteilen. Jeder Mensch hat sein Geheimnis, aber er bleibt selbst auch Geheimnis, weil er einmalig und so ist, wie er ist. Auch in der tiefsten wie der höchsten Liebe bleibt der andere Mensch immer er und sie selbst. Was er nicht zeigen oder preisgeben will, soll ungeschaut bleiben. Es gibt eine bedrängende Liebe, die eine subtile Form von Machtausübung darstellt. Liebe aber will nicht herrschen und darf nicht beherrschen wollen. Die anderen, das eigene Kind, der Freund, der Partner, sollen nicht zu unserem Besitz noch gar zu unserem Ei-

Liebe will keine Macht ausüben.

gentum werden. Sie sind uns nur auf Zeit geliehen. Wo das nicht beherzigt wird, benutzen wir den anderen nur für eigene Zwecke.

Wie sich ein Mensch unter dem verstehenden Blick der Liebe ändert, erzählt der Inder de Mello:

»Jahrelang wollte ich mich ändern. Ich war ängstlich, depressiv und selbstsüchtig. Jeder sagte mir immer wieder, ich solle mich ändern. Sie waren mir zuwider, und ich pflichtete ihnen doch bei. Ich wollte mich ändern, aber ich brachte es nicht fertig, so sehr ich mich auch bemühte. Was mich am meisten schmerzte, war, dass auch mein bester Freund mir immer wieder sagte, ich solle mich ändern. Ich pflichtete auch ihm bei, aber zuwider wurde er mir nicht. Das brachte ich nicht fertig. Ich fühlte mich so machtlos und gefangen. Dann sagte er mir eines Tages: ›Ändere dich nicht, bleib, wie du bist. Es ist wirklich nicht wichtig, ob du dich änderst oder nicht. Ich liebe dich so, wie du bist.‹ Diese Worte klangen wie Musik in meinen Ohren: ›Ändere dich nicht, ich liebe dich!‹ Ich entspannte

23

mich, ich wurde lebendig. Und Wunder über Wunder – ich änderte mich.«

»Ändere dich nicht – ich liebe dich!« So zu sprechen vermag nur der, der mit dem Herzen gut sieht.

In der Bibel gibt es das Verbot, sich von Gott ein Bild zu machen. Für die Juden ist Gott zu groß, zu ehrwürdig und zu eigenständig, als dass sie es wagen könnten, seinen Namen im Munde zu führen, noch gar sich ein sichtbares Abbild von ihm zu machen. Sehr weise und lebensklug wird dieses Verbot auch auf Menschen ausgedehnt. »Du sollst dir kein Bildnis... machen von dem, was oben im Himmel, noch von dem, was unten auf Erden... ist.« Dieses Verbot will auch als Gebot und also als Wegweiser zu gelingenden Beziehungen zwischen Menschen verstanden werden. Es geht aus von unserer Art, andere so zu malen und zu formen, wie wir sie gerne hätten. Wir alle haben Bilder von anderen im Kopf, Vorstellungen von einem liebenswerten Partner, einer zu uns passenden Ehefrau, einem Kind, wie es sich entwickeln und verhalten soll. Solche Bilder haben viel mit eigenen Wünschen zu tun. Wir entwickeln sie wie eigene Gebilde. Der Zeitgeist, die herrschenden Leit- und Vorbilder arbeiten daran mit. Allzuschnell und leichtfertig übertragen wir diese Bilder auf den konkreten Menschen und werden ihm selbst so nicht gerecht. Sie sind wie eine Schablone, ein Klischee. Wir merken dann gar nicht mehr, dass der andere anders ist und sich gegen unser Bild von ihm sträubt oder verzweifelt wehrt. Er fühlt sich gefangen in unserer Sicht von ihm und kann nicht er selbst sein. Er kann uns dann auch nicht lieben.

Wir leben immer noch stark vom romantischen Liebesideal. Nach ihm soll es zur Verschmelzung zweier Menschen kommen. Sie werden eins in der Liebe, gehen ineinander auf und verlieren ihre Eigenständigkeit. Wo aber zu viel Gefühl herrscht, wo die Sehnsucht nach dem harmonischen Gleichklang der Herzen bestimmend wird, wird die Liebe langweilig, fantasielos und arm an Kreativität.

Schön und farbig wird das Leben nur dann, wenn zwei Menschen in freier Partnerschaft einander in ihrer jeweiligen Besonderheit respektieren und ehren. Den anderen annehmen, so wie Gott ihn gemeint hat, und ihm auf diese Weise helfen, immer mehr er selbst zu werden – das ist der

Liebe achtet den andern, wie er ist.

tiefste Ausdruck der Achtung vor seiner Einmaligkeit, Unantastbarkeit und Andersartigkeit. Nur das Sehen des Herzens schafft diese Form aufgeklärter, weil tief verstehender Liebe.

Der Testfall für das Sehen des anderen ist immer der Umgang mit seiner Andersartigkeit. Sie fordert am meisten von uns. Normalerweise stört es uns, wenn andere anders reagieren, fühlen, essen, sich kleiden als wir selbst. Das schafft Irritationen und Distanz. Mit dem Herzen auch das Fremde und zunächst Störende gut zu sehen – das macht groß- und weitherzig. Es kann die Unkultur des Desinteresses und der Abwehr gegenüber türkischen oder schwarzen Mitbürgern in eine Kultur der Mitmenschlich-

Betrachte auch das Fremde mit den Augen des Herzens.

keit verwandeln. So zu sehen ist die Grundlage wie der Atem solcher Kultur. Das entspricht einer Liebe, die nicht gleichschalten und uniformieren, nicht vereinnahmen und den anderen passend zurechtstutzen will. Dann können wir das schöne Wort von Exupéry so variieren: »Man sieht, fühlt, hört, denkt, achtet nur mit dem Herzen gut.«

4. Musik öffnet die Herzen

»Jeder braucht Musik« – unter diesem Titel habe ich jahrelang eine Fernsehreihe mit jungen Talenten moderiert, die
mir gezeigt hat, wie tief Musik wirkt. Sie erreicht das Herz
jedes Menschen, denn jeder ist empfänglich für »seine«
Musik, die zu ihm passt, auf die er gestimmt ist, die zu seiner Lebensmelodie geworden ist. Musik kann Menschen
bewegen, erfreuen, zum Klingen und ins Schwingen bringen, Brücken bauen zwischen ihnen, verschlossene Herzen
öffnen, aus seelischen Zwangslagen befreien. Sie tröstet
Traurige, beflügelt Fröhliche. Wer sie hört und sich ihr hingibt, dem schmilzt das Eis ums Herz, bei dem taut Erstar-
rung, dessen müde gewordene Gefühle werden munter.

Musik ist für mich das intensivste Mittel der Verständigung. Sie ergreift, packt uns ganz, bezieht alle unsere
Sinne mit ein und weckt sie auf. Musik kann »komponierte Liebe« sein. Ich denke dabei an Musik von Schubert
und Mozart, z. B. an das C-Dur-Quintett. Musik ist die
Sprache der Liebenden. Die ungezählten Liebeslieder in allen Kulturen und Völkern zeigen das genauso wie die
Schlager, die nichts anderes sind als Variationen des einen
Themas: »Ich liebe dich!« Sie bringen das ganze Leben mit
seinen Forderungen und seinen Chancen auf den Satz des
berühmt gewordenen Songs der Beatles: »All you need is
love«.

In meiner Generation haben sich viele Ehepaare beim
Tanzen kennen gelernt. Die zärtliche Melodie, der be-
schwingte Rhythmus, der motivierende Sound und der be-
ziehungsreiche Text in Übereinstimmung mit der harmonischen Tanzbewegung führten die beiden zum Gleichklang der Seelen. Dieses Erlebnis öffnete und begeisterte
sie füreinander. Der Tanztitel, bei dem der Funke über-
sprang, senkte sich tief in die Seelen der beiden Liebenden.
Er wurde zur Melodie ihres Lebens, zur Liebes- und Lieblingsmelodie, die für ihr ganzes Leben allein und gemein-

sam Bedeutung gewann. Ich bin vielen Menschen begegnet, die beim Erklingen der Musik ihres Lebens strahlten

Achte auf deine Lieblingsmelodie.

und spontan aus ihrem Leben erzählten. Zu diesen Schlüsselmelodien gehören Evergreens wie »Yesterday...«, »Strangers in the night...«, »Tea for two«, »Lili Marleen«, »Ramona«, »Capri-Fischer«, »Hörst du mein heimliches Rufen?«, »Ich tanze mit dir in den Himmel hinein«, »Ich bin von Kopf bis Fuß auf Liebe eingestellt«, »Tulpen aus Amsterdam«, »Merci Chérie«.
Wie stark und nachhaltig Musik unser Leben prägen kann, wurde mir am Beispiel eines halbseitig gelähmten Schlaganfallpatienten deutlich. Der berühmte Neurologe und die Bewegungstherapeutin bemühten sich lange Zeit vergeblich, das gelähmte linke Bein zu reaktivieren. Keine der bewährten Behandlungsmethoden half, bis der Arzt auf die Idee kam, die Ehefrau des Patienten, eines damals sechzigjährigen Berufsoffiziers, nach dessen Lieblingsmelodie zu fragen. Sie stutzte zunächst. Dann fiel ihr ein, dass sie ihren Mann in der Tanzstunde kennen gelernt hatte. Sie tanzten besonders gern Tango miteinander. Und ihre Lieblingsmelodie war der damals gerade populäre Schlager »Oh Donna Clara«.
Als der Patient diese Melodie hörte, strahlte er zum ersten Mal, seit er in der Reha-Klinik war, und – o Wunder! – sein gelähmtes Bein begann unter dem Eindruck dieser antriebsfördernden Melodie ganz schwach, aber deutlich sichtbar zu zucken und sich zu bewegen. Melodie und Rhythmus gingen ihm »unter die Haut« und »in die Beine«! Das war für uns zugleich die Geburtsstunde einer neuen Therapieform, der inzwischen vielfach erprobten und bestätigten »Antriebsförderung durch Musik in der neurologischen Rehabilitation«. Prof. Dr. Robert Charles Behrend und ich haben sie systematisch entwickelt im Anschluss an diese erste überraschende Behandlung.

Musik kann heilend wirken. Sie entfaltet geradezu schöpferische Lebenskraft wie die Liebe. Die Faszination und die heilende Wirkung von Musik beruhen auf ihrer lebensgeschichtlichen Bedeutung. Jeder Mensch hat seine besonderen Erlebnisse mit Musik, die Schlüsselerfahrungen hervorbringen. Werden sie in Erinnerung gerufen, sind

Musik hilft heilen.

wir positiv gestimmt, verändert sich unsere resignative Gemütslage, empfinden wir neue Freude und eine Bestätigung gelungenen Lebens.

Die Musik, die die Liebe zwischen zweien gestiftet hat, ist ihre Erkennungsmelodie, die »Musik ihres Lebens« und »das Sprachrohr ihrer Liebe«. Sie bleibt es auch, wenn die beiden alt werden. Sie verstärkt ihr Gefühl zusammenzugehören, kann ihre Zuneigung und Zärtlichkeit beleben. Ja, sie kann sogar die Dankbarkeit vertiefen, miteinander alt zu werden. Sich so zu erinnern macht dankbar und zeigt, dass das Leben nicht sinnlos ist. Man kann geradezu von der »Zaubermacht Musik« sprechen. Es ist die Chance

Die gemeinsame Lebensmelodie belebt die Liebe.

des Alterns, die positiven Erfahrungen über die negativen herrschen zu lassen. Es ist gnädig eingerichtet, dass wir das Schwere und Belastende vergessen, aber das Schöne in uns bewahren. Das macht die Zeit des Alterns zur »Bilanz-Zeit«, in der das Danken das Klagen überwiegt. Auch wenn ein Partner allein zurückbleibt, zeigt die Erinnerung fast barmherzig ihre Kraft. Musik weckt dann nicht nur wehmütige Erinnerungen, sondern macht Liebe, Glück und Freude gegenwärtig wie einen kostbaren, unverlierbaren Schatz.

5. Musik baut Brücken

Die Welt wird kleiner. In Stunden erreichen wir jeden Ort der Welt. Noch nie in der Geschichte der Menschheit waren die Chancen so groß, andere Kulturen, Rassen, Religionen und Länder kennen zu lernen. Das gemeinsame europäische Haus wächst. Grenzen und Mauern fallen. Die Menschen rücken zusammen. Schwarze und Gelbe, Afrikaner und Asiaten fallen im Erscheinungsbild unserer Städte kaum noch auf. Die Schlagworte von der multikulturellen und multireligiösen Gesellschaft gehen um.

Dagegen stehen die ausländerfeindlichen Parolen und Übergriffe. Die Überbetonung deutscher Art geht einher mit Skepsis und Ablehnung der Fremden in unserem Land. Die Rattenfänger scheinen leichtes Spiel zu haben mit ihren banalen Versprechungen und ihren primitiven Methoden, den Hass zu schüren. Billige Rezepte für die Lösung von komplizierten politischen und wirtschaftlichen Problemen waren schon immer nach dem Geschmack der Menge.

Seit vielen Jahren bemühe ich mich, Musik als Mittel zur Verständigung, zum gegenseitigen Kennenlernen und zum gemeinsamen Tun auf europäischer Ebene zu nutzen. Seit 1978 finden die »Europäischen Wochen der Begegnung« regelmäßig in Hamburg statt. Studenten und Professoren europäischer Musikhochschulen begegnen sich und bringen jeweils ihre Musik den Teilnehmern der verschiedenen Nationen näher. Über die Musik haben sich tiefe Freundschaften und Partnerschaften entwickelt. Es ist für mich jedes Mal beglückend, an internationalen

Musik verbindet Menschen und Völker.

Chortreffen teilzunehmen. Die Sprache der Musik kennt keine Grenzen, das gemeinsame Singen verbindet verschiedene Menschen und Völker in einer Tiefe, die alle Vorurteile, alle Hemmungen und Gefühle der Feindschaft einfach abbaut. Lange bevor der eiserne Vorhang fiel, wurde die Wende durch vielfältigen Austausch von Chören und Orchestern vorbereitet.

Es ist für mich ein Zeichen der Hoffnung, dass gerade die jungen Menschen wie selbstverständlich und ganz unverkrampft einander in der Musik begegnen, eines Sinnes

Musik macht aus Fremden Freunde.

werden und Gegensätze wie Unterschiede als Bereicherung ihres Lebens erfahren. Wer Musik anderer Völker hört, dessen Horizont weitet sich. Wer Musik macht, kennt keine Fremden, nur Mitspieler, Mitsänger – Freunde.

In Stadtteilen mit einem hohen Ausländeranteil sind die Erfahrungen mit völkerverbindender Musik besonders auffällig. Seit vielen Jahren setzen wir im Hamburger Stadtteil Ottensen auf Musik, um die Kinder ausländischer Mitbürger mit deutschen Kindern zusammenzuführen. Wenn die Kinder verschiedener Nationen ihre Volkslieder und Volkstänze einander und den Eltern darbieten, wenn zum Schluss alle ein gemeinsames Lied singen, dann wächst über das Zuhören, Hineinhören in den anderen und das gemeinsame Musizieren eine lebendige und tragfähige Gemeinschaft.

Musik baut Brücken! Meine tiefste Erfahrung damit stammt aus der jüngsten Zeit. Als in Deutschland die Häuser ausländischer Mitbürger, Asylantenheime und Ausländer brannten, kamen die Ausländerbeauftragten auf die Idee, die Kunst als Mittel der Versöhnung und eines friedlichen Miteinanders einzusetzen. Gemeinsam mit dem Hamburger Beauftragten für Ausländerfragen habe

Musik baut Brücken.

ich einen Liedermacherwettbewerb unter dem Motto »XENOS: Fremde brauchen Freunde – wir auch« veranstaltet. Junge Autoren, Komponisten und Interpreten schrieben Lieder zu dieser Thematik, nicht »tierisch-ernst«, sondern kabarettistisch-humorvoll, verfremdend und satirisch. Die Veranstaltung wurde von mehreren Rundfunk- und Fernsehanstalten, z. T. weltweit, ausgestrahlt. Die Kunst der Sprache und der Musik senkte die Botschaft von Frieden und Versöhnung tief in die Herzen der Hörer ein. Einhelliges Urteil aller: Sie erreichte die Menschen viel unmittelbarer, sinnlicher und tiefer als Resolutionen und Appelle, als das mündliche und das geschriebene Wort es vermögen.

Wahrnehmen und verstehen

 Fünf Sinne hat der Mensch: hören, sehen, tasten, schmecken, riechen. Sie ergänzen einander wie fünf Finger an einer Hand. Mit ihnen eigene Erfahrungen zu machen,

Alle Sinne öffnen.

sie bewusst auszubilden, verschafft uns Glücksgefühle, vermittelt uns tiefe Erlebnisse, stärkt die Kräfte von Geist, Seele und Körper.

Mit unseren Sinnen nehmen wir Leben wahr, anderes, fremdes und das eigene. Sind sie wach, offen und empfänglich, steigen die Chancen für ein bewusstes Leben. Sie sind wie Antennen, die Signale und Impulse, Botschaften und Gefühle empfangen. Mit ihnen vernehmen

Antennen ausfahren.

wir das, was für uns selbst wahr und gültig ist. Durch sie sind wir ganz und ganzheitlich beteiligt am Suchen und Finden unserer eigenen Lebenswahrheit. Sie vermitteln uns die Kräfte, die uns lebendig sein und bewusst leben lassen.

Wir kommen aus einer Zeit, in der der Kopf alles war und der »Bauch« nichts galt. Verstand und Intellekt waren so hoch im Kurs, dass man sich scheute, Gefühle zu zeigen. Das Wort Sinnlichkeit war anrüchig und wurde einseitig auf Erotik und Sexualität bezogen. Inzwischen wollen wir bewusster und nicht nur verkopft, sensibler und nicht mehr abgestumpft, freier und nicht mit unterdrückten Sinnen leben. »Ganzheitlich leben«, das ist mehr als ein modisches Wort. Hinter ihm stecken der

33

Protest und die Gegenbewegung gegen ein Leben, das zerstückelt und nicht mehr überschaubar ist. Wir wollen nicht nur ein Atom, Spielball und Verfügungsmasse anderer sein. Wir wehren uns dagegen, dass andere die Wahrheit für uns vorformulieren und uns aufzwingen. Wir möchten unser Ich nicht kleiner machen als es ist, sondern es stärken. Wir wollen unser Leben selbst wahr-nehmen. Und das mit allen Sinnen, wach, sensibel und eigenständig. Wir möchten auch andere Menschen und Mitgeschöpfe ganzheitlicher und sinnlicher wahrnehmen, in all ihren Lebensäußerungen, in ihrer Schönheit und in ihrem Schmerz. Unsere Sinne ermöglichen es uns, innerlich ganz dabei zu sein und das in Sprache und Musik, Gesten und Haltungen zu zeigen.

1. Wahrnehmend finden wir uns selbst

Im Zuge unserer Entdeckungen haben wir ein sensibleres und bewussteres Verhältnis zu unserem Körper entwickelt. Wir achten auf unser Atmen und lernen, richtig und bewusst ein- und auszuatmen. Wir registrieren, wenn wir uns verspannen, das Herz jagt, wir Stress erleben. Und er-

Nimm dein Leben wahr, sei du selbst.

kennen unsere Ängste, Überforderungen oder ungesunde Lebensweise als Ursache. Unser Körper ist nicht, wie es Menschen vor uns erlebt haben, nur eine äußere Hülle oder gar ein Gefängnis unserer Seele, das man hassen oder aus dem man fliehen muss. Das alte Verständnis vom Körper kehrt zurück, das die Antike kannte und das Paulus in der Bibel aufgenommen hat. Nach ihm ist jedes einzelne Organ lebenswichtig für den ganzen Leib. Leidet ein Glied, so leiden alle mit. Wird ein Glied geehrt, so freuen sich alle

Glieder mit. Der Fuß ist keine Hand, das Auge nicht das Ohr. Der Fuß wie die Hand, das Auge und das Ohr sind

Wahrnehmend finden wir uns.

nicht der ganze Körper. Die vielen Glieder und Organe aber machen den einen Leib aus, der zusammen mit der Seele und dem Geist eine Einheit bildet: den Menschen in seiner unauflöslichen, vom Schöpfer gewollten Ganzheit.

In diesem Zusammenhang ist mir die Erinnerung wichtig, dass in vielen früheren Kulturen und Religionen verschiedene Organe Sitz der Seele und der Affekte waren. In Blut und Herz, Nieren und Leber wurden sie lokalisiert. Diese Organe galten als Sitz seelischer Empfindungen, aber auch starker Gefühle wie Zorn und Trauer. Daraus spricht ein positives und intensives Verhältnis zum eigenen Körper, der sehr bewusst wahrgenommen wurde. Blut wurde und wird heute wieder als »Lebenssaft« verstanden. Angesichts der noch immer unheilbaren Krankheit AIDS verstehen wir ganz unmittelbar, dass im Blut das Leben ist. In der psychosomatischen Medizin sind solche Erkenntnisse verbreitet. Wer Nieren- oder Gallensteine hat, lebt nicht im Einklang mit sich selbst, hat zu viel Ärger oder Stress. Asthma rührt daher, dass Menschen keine Luft kriegen, eng und voller Angst sind. Die Beispiele ließen sich beliebig vermehren.

Wenn wir unsere Eigenwahrnehmung nach innen lenken, empfinden wir unseren Körper nicht nur als Teil von uns

Den eigenen Körper bewusst wahrnehmen.

selbst, sondern als uns zugehörig. »Ich liebe meinen Körper« muss heute nicht mehr als ein zweideutiger Satz erlebt und als ein Zeichen von Selbsterotik gebrandmarkt werden. Er spricht nicht von Körperkult, sondern davon, dass wir unser Selbst mit unserem Körper erleben.

In unserem Haus hängt das Bild einer alten Frau, das ich liebe. Ihr Gesicht ist wie eine Lebenslandschaft, durchzogen von Falten und durchpflügt von Runzeln. Sie wirkt wie eine alte Indianerin oder eine russische Babuschka. Manche Besucher finden sie abstoßend und hässlich. Ich sehe und lese in ihrem Gesicht ihr ganzes Leben wie in einem aufgeschlagenen Buch: die verschenkte Liebe und die Enttäuschungen der Liebe, die harte Arbeit der Hände im Haus und auf dem Feld, die eingegrabene Weisheit der Lebenserfahrungen. Ich finde sie schön, weil Schönheit keine Frage eines makellosen Körpers und strahlender Lebenskraft ist. Ich empfinde Achtung und Ehrfurcht vor dieser Art von Schönheit, die in alten wie in jungen Menschen lebt und aus ihnen spricht.

Schon Sigmund Freud hat erkannt, dass es die Grundlage des Ich ist, den eigenen Körper wahr- und anzunehmen. Wahrnehmend finden wir uns selbst und gewinnen so unsere Identität. Was dieses wirklich bedeutet, wird in seiner ganzen Tragweite erst deutlich, wenn ein Mensch seine Körperwahrnehmung durch Krankheit verliert. Der in New York praktizierende Neuropsychologe Oliver Sachs beschreibt den Fall einer »körperlosen Frau«. Die 27-jährige Christina hatte durch ihre Krankheit, eine sensorische Polyneuropathie, mit ihrer Eigenwahrnehmung auch die grundlegende organische Verankerung ihrer Identität verloren. Christina empfand, dass sie nicht sie

Die Eigenwahrnehmung und die Wirkung
auf andere zusammenbringen.

selbst war. Ihr fehlte das Bewusstsein, dass sie Christina, dieser besondere Mensch mit Augen, Händen und Füßen, sei. Sie konnte sich bewegen wie jede andere und empfand sich doch zugleich als »körperlos«.

Eigenwahrnehmung und Außenwahrnehmung, den eigenen Körper in seiner Vielfalt und die Welt in ihren Farben und Tönen, Reizen und Stimmungen sinnlich wahrzunehmen – das muss zusammengehen, zusammenwachsen und zusammenklingen.

Das Zusammenwirken von Impulsen, die von außen, und solchen, die von innen kommen, lässt sich besonders gut an der Musik zeigen. Beim Singen wie beim Sprechen nehmen wir den von uns erzeugten Ton von außen wahr. Die Luftschwingungen treffen über die Hörmuschel auf unser Ohr. Aber zugleich spüren wir immer die Schwingungen unserer Stimmbänder und die Resonanz unseres Körpers. So nehmen wir den Ton zugleich von außen und von innen wahr. Wir haben also eine doppelte Wahrnehmung. Deshalb klingt unsere eigene Stimme für uns anders als für andere, die uns hören. Das erlebt jeder, der sich selbst einmal von einem Tonträger gehört hat. Die Stimme klingt fremd, wir sind erstaunt über den von unserer eigenen Wahrnehmung abweichenden Klang. Wer das weiß, wird die abweichende, fast fremde Wirkung seiner Sprache auf sich selbst mit der Wirkung auf andere zusammenbringen. Er achtet auf beides und wird sich kontrollieren und sensibilisieren.

Sich selbst so umfassend wahrzunehmen ist gerade beim Sprechen wichtig. Weil das liebende Gespräch vom Ich zum Du ein persönliches Mitteilen und Miteinander-Teilen von Leben ist, müssen wir das eigene Sprechen kultivieren und pflegen wie eine kostbare Blume. Das erfordert, sich selbst intensiv zuzuhören. Dadurch erzielen wir zugleich eine zweite Wirkung. Wir erzeugen beim Zuhörenden eine starke und offene Bereitschaft, geradezu eine

Das eigene Sprechen kultivieren.

Wahrnehmungsspannung, die ihn aufmerksam macht. Wir »zwingen« ihn gleichsam, sich zu öffnen und sich selbst auf Empfang zu stellen. Jeder Redner und jeder Prediger macht solche Erfahrungen immer wieder. Je mehr wir in uns selbst hineinhorchen, desto mehr kommt heraus. Je mehr wir uns selbst beachten, desto glaubwürdiger und überzeugender bringen wir unsere Botschaft herüber. Wir sind dann nie nur Briefträger, sondern persönliche Zeugen einer eigenen Botschaft, »unserer Wahrheit«.

Zur Kontrolle dessen, was wir sagen und wie wir es sagen, gehört es, auf die Pausen zu achten. Pausen unterbrechen den Fluss einer Rede, dienen dem Einatmen und Ausklingen, dem Setzen neuer Anfänge. Sie laden zum Verweilen, Besinnen und Nachdenken ein. Der Dirigent Wilhelm Brückner-Rüggeberg pflegte uns Studierenden immer wieder zu sagen: »Die Pausen sind das Wichtigste und Schönste in der Musik!«

Gleiches gilt für die Sprache. Eine bewusste Pause in einem Gespräch hilft, sich innerlich zu sammeln und auf die innere Stimme zu hören. Ich gebe meinen Worten Raum und Zeit, indem ich schweige. Solches Schweigen lässt mich und die Zuhörenden dem Gesagten und Gehörten

Pausen beim Sprechen
vertiefen das Gespräch.

nachhängen und -denken, eigenes hinzufügen, gibt der Fantasie Flügel und eigenen Assoziationen ein ganz persönliches Recht. Pausen vertiefen die Partnerschaft im Gespräch, weil der bis dahin Zuhörende danach selbst aktiv werden kann. Das »Stille Gebet« in einem großen Kirchengebet ist beredtes Schweigen. Manchmal ist es sogar der Höhepunkt eines festlichen Gottesdienstes in einer vollbesetzten Kirche.

Was für das bewusste und kontrollierte Hören gilt, trifft auch für die anderen Sinne zu, besonders für den Bewegungssinn. Wenn wir unsere eigene Körpersprache, unsere Bewegungen, Gesten aufmerksam beobachten, heben wir

Auf die eigene Körpersprache achten.

sie ins eigene Bewusstsein. Gleichzeitig werden wir auch von anderen mit größerer Aufmerksamkeit und Erwartung wahrgenommen. Nicht die sachlichen Informationen und klugen Gedanken entscheiden über die Wirkung einer Rede oder eines Gesprächs. Mimik und Augen, die den Zuhörer suchen, Hand- und Armbewegungen, das spürbare innere Engagement sprechen viel mehr, viel direkter und viel tiefer an.

Der Pause in der Sprache und Musik entspricht in der Bewegung die Ruhe, aus der die Bewegung wächst und sich entfaltet. Sie hat sehr viel mit der Gelassenheit zu tun, die aus innerer Souveränität aufsteigt. Hektische und gekünstelt wirkende Gesten, unruhiges Stehen und Wippen, verkrampfte Haltungen übertragen sich unmittelbar auf die Zuhörenden. Wer in sich ruhend steht und spricht,

Sich selbst zuhören.

steigert die Intensität und Deutlichkeit dessen, was er sagen und mit seinen Bewegungen und Gesten ausdrücken will. Aus solcher Erkenntnis könnte man die Regel ableiten: »Höre dir selbst zu, dann wirst du gehört. Nimm dich selbst wahr, dann wird man dich wahrnehmen.«

2. Wahrnehmen beansprucht alle Sinne ganz

Musik ist ein Modell ganzheitlicher Wahrnehmung. Sie wird nicht nur vom Ohr, sondern vom ganzen Körper und mit allen Sinnen aufgenommen.

Der Tastsinn spielt beim Musizieren eine wichtige Rolle. Tasten-, Saiten- und Schlaginstrumente werden mit den Händen gespielt. Bei den Blasinstrumenten sind zusätzlich die Lippen beteiligt. Dabei erstreckt sich der Tastsinn auf die Haut und das tiefere Gewebe, die davon nicht nur berührt, sondern bewegt werden. Es entstehen Wirkungen, die sich auf den ganzen Körper übertragen.

Heute gilt es nicht mehr als unschicklich, einander zu berühren. Wenn wir einander wieder sehen, uns begrüßen und freudig erregt sind, umarmen wir einander, strei-

Mut zu liebevollen Gesten.

chen dem anderen übers Haar oder streicheln ihm die Wange. Das verbindet viel tiefer, als Worte allein es in dem Augenblick könnten.

Schülerinnen und Schüler erleben in Hamburg die Kirchen. Sie werden an den Altar und auf die Kanzel geführt, streichen mit ihren Händen über den alten Marmor und

Auch mit dem Tastsinn begreifen wir das Leben.

berühren ehrfurchtsvoll das »Allerheiligste«. Das schafft Nähe und eine persönliche Beziehung, die viel tiefer geht als das Anschauen von ferne oder erklärende Worte von oben herab.

Der Bewegungssinn wird durch Musik angeregt. Es ist ein ästhetischer Hochgenuss, Musikern zuzuschauen, die sich gelöst und leicht zu ihrem eigenen Spiel bewegen. Mit den eigenen Bewegungen dirigiert der Maestro ein großes Orchester, ohne Worte, aber wie ein Magier. Und der Funke, die Begeisterung springt von ihm nur über, wenn seine Bewegungen stimmig, harmonisch und eindeutig sind, wenn sie im Einklang mit seinem Denken, Fühlen und Wahrnehmen stehen und aus der Verschmelzung des musikalischen Werkes und seines musikalischen Könnens kommen.

Auch beim aktiven Hören von Musik wird der Bewegungssinn gefördert. Während der Aufführung einer sehr schwungvollen und strahlenden Kantate von Johann Sebastian Bach im Hamburger Michel saß auf der der Konzertempore gegenüberliegenden Empore ein vierjähriger Junge bei seinen Eltern. Bei den ersten Tönen sprang er auf und bewegte sich völlig sicher im Takt, selbstvergessen und hingegeben, als wäre er allein auf der Welt. Die Blicke der vielen, die sich auf ihn richteten, nahm er nicht wahr.

Musik ist ein Modell
ganzheitlicher Wahrnehmung.

In den Pausen ließ er seine Arme sinken, beim Tempowechsel fand er sofort die dem Rhythmus entsprechenden Bewegungen und schien selbst Orchester und Chor zu dirigieren.

Wenn wir uns so bewegen, verkörpern wir das Seelische, verleiblichen wir die Sinne, äußern wir das Innere. Es gehört zu den schönsten Erlebnissen, vor Freude zu hüpfen, vor Glück zu springen und zu tanzen. Da entäußern wir uns selbst – und das ist zugleich der tiefste Ausdruck unserer Lebendigkeit. Das tut gut, Körper und Seele und allen Sinnen.

Aus einem starren Körper spricht gestörte Leiblichkeit. Wir sollten freier und mutiger werden und uns so bewegen, wie uns ums Herz ist. Im Rhythmus des Tanzes stel-

Tanze und bewege dich, so oft du kannst.

len wir uns ganzheitlich dar. Wir erleben dann ein Stück von der Freiheit der Vögel, von der Leichtigkeit vieler Tiere.

Wer die Angst überwindet, sich so zu äußern, wird beweglich, äußerlich und innerlich.

Musikalische Wahrnehmung beansprucht auch den Gesichtssinn. Eine schön geschriebene Partitur, ein Autograph von Johann Sebastian Bach ist ein Genuss für die Augen. Große Dirigenten lesen Noten – und innerlich hören sie die Musik, sehen sie wie Bilder vor ihrem inneren Auge. Die »Lautsprechermusik« im Rundfunk und von Tonträgern ist nur ein schwacher Abglanz, ein kümmerlicher Ersatz für ein Konzert an einem festlichen Abend in einem Konzertsaal. Unsere Augen sehen dabei Musik, gestaltete Bewegung. Ein

Solist, der die Musik nicht nur auf seinem Instrument ausdrückt, sondern mit seinem ganzen Körper, verhilft uns zu vertieftem Hören. Das ist auch die Chance des Fernsehens, das die stimmführende Gruppe ins Bild rücken kann und uns dadurch erleichtert, die musikalischen Strukturen zu erkennen. Wir sind ein Teil der Musik, wenn wir nicht nur nebenbei Musik konsumieren. Weil Hören und Sehen zum Machen und Empfangen der Musik gehören, müssten wir sie eigentlich als »audiovisuelle Kunst« bezeichnen.

Bis auf den Geruchs- und Geschmackssinn sind alle unsere Sinne beteiligt, wenn wir Musik wahrnehmen. Um auch die »kulinarischen« Sinne anzusprechen, werden Konzerte immer häufiger verbunden mit einem zwanglosen Beisammensein mit Essen und Trinken. Das fördert die Kommunikation. So werden Eindrücke und Erfahrungen mit Musik ausgetauscht, das Erlebnis vertieft, Begegnungen ermöglicht.

Da Essen umgekehrt nicht nur den Geschmackssinn anspricht, sondern den Menschen in besonderem Maß als ganzen betrifft (»Liebe geht durch den Magen«), haben Mahlgemeinschaften oft symbolische Bedeutung. Im Vorderen Orient wie in vielen Ländern der Erde ist das gemeinsame Essen und Trinken Ausdruck freizügiger Gast-

Gemeinsames Musik-Erleben
und kulinarisches Erleben fördert Begegnungen.

freundschaft und der Friedensbereitschaft. Mit wem man gegessen hat, den kann man nicht hassen, den darf man nicht töten. Die Tradition der Liebesmahle, bei denen sich jeder seine Sorgen und Freuden, seine Kritik an anderen und seine Hoffnungen frei von der Seele reden darf, verweist auch bei uns noch auf die Bedeutung des Geschmackssinns für den Menschen in seinem Verhältnis zu anderen. Für solche Möglichkeiten der Kommunikation macht Musik besonders offen. Die Verbindung von Musik und Mahl hat eine alte Tradition. Sie wurde vor allem in der Barockzeit intensiv gepflegt. Noch heute findet im Hamburger Rathaus jährlich die Matthiae-Mahlzeit statt mit der Tafelmusik von Georg Philipp Telemann, die er eigens dafür komponiert hat. Musik, mit wachen Sinnen wahrgenommen, verbindet, stiftet Beziehungen, stärkt die Kräfte des Gemüts und schafft Erlebnisse.

3. Höre, und du bist Mensch!

Musik wahrzunehmen bezieht also fast alle Sinne mit ein. Der Musiker wie der Seelsorger weiß aber, dass dem Gehörsinn eine herausragende Bedeutung zukommt. Ich plädiere für ein bewussteres und einfühlsameres Hören. Es gibt eine Reihe wissenschaftlicher Erkenntnisse, die zeigen, wie umfassend das Hören unser Leben prägt. Weil sie zu wenig beachtet werden, nenne ich sie.

Die Haarzellen und Hörfasern im Ohr sind um ein Vielfaches empfindlicher als die Augen, und sie sind etwa zehn Millionen Mal empfindlicher als die Sensoren unserer Fin-

Das einfühlsame Zuhören üben.

gerspitzen. Der Volksmund bestätigt diese Tatsache, wenn er sagt: »Jemand hört (nicht: sieht oder fühlt) das Gras wachsen.«

Das Cortische Organ als wichtigster Teil unseres Gehörs bildet sich bereits wenige Tage nach der Befruchtung aus der Haut des Embryos, nach dessen Form und Gestalt es gebaut ist. Bereits viereinhalb Monate nach der Befruchtung ist die Cochlea, das eigentliche Hörorgan, in ihrer endgültigen Größe entwickelt. Ein wahres Wunderwerk! Das Auge ist dagegen erst einige Wochen nach der Geburt funktionsfähig.

Im Schöpfungsplan des Menschen ist dem Ohr also eine einzigartige Rolle zugewiesen worden. Das zeigt sich auch daran, dass das Ohr als Warnsinn – im Gegensatz zu den Augen! – unverschließbar und ständig auf Empfang geschaltet ist. Stress wird durch ein akustisches Warnsignal blitzschnell ausgelöst. Auf den akustischen Reiz erfolgt eine Erregung der vegetativen Nerven. Die Nebenniere schickt vermehrt Hormone in die Blutbahn, die Gefäße verengen sich, der Blutdruck steigt, die Hautdurchblutung geht zurück, die Magenbewegung wird gelähmt, die Speichelsekretion eingestellt. Jeder kennt die plötzlich auftretende Trockenheit im Mund, die das Sprechen erschwert. Der Stress, der sozusagen vom Ohr ausgeht, ist inzwischen ein zentrales Problem unseres Lebens und unserer Gesundheit geworden. Davon werden wir noch zu sprechen haben im sechsten Kapitel.

Das Ohr vermittelt uns exakt messbare Daten und Informationen. Selbst der musikalisch Ungeübte erkennt den doppelt so schnell schwingenden Ton, die Oktave, als gleichklingend. Unser Auge kann uns beispielsweise nicht vermitteln, dass die Farbe Purpur die doppelte Wellenlänge von Violett hat. Das Ohr aber liefert uns eine mathematisch exakte Berechnung der Tonhöhe bzw. der Schwingungsfrequenz.

Das Wahrnehmungsspektrum des Ohrs ist zehnmal so groß wie das des Auges: Es nimmt zehn Oktaven (sechzehntausend Hertz) wahr, das Auge dagegen vergleichsweise nur eine »Oktave«.

Zwischen dem Ohr und unserem Gehirn gibt es viel mehr Nervenverbindungen als zwischen dem Auge und dem Gehirn. Deshalb lernen wir durch das Ohr mehr als über das Auge. Das ist uns weithin unbekannt in unserem »optischen Zeitalter«, in dem wir geradezu gezwungen werden, Augenmenschen zu sein. In den verschiedenen Methoden des Superlearning wird diese Erkenntnis genutzt.

Die Natur hat den Menschen als »Ohrenmenschen« geplant. Es kann also nicht gut für uns sein, das Hören zu vernachlässigen. Hörend sind wir!

4. »Höre, so wird deine Seele leben«

Jesaja

Das Hören ist der spirituellste unserer Sinne. In vielen Religionen enthalten die großen Bücher unzählige Höraufforderungen und -anweisungen: Sie alle unterstreichen die herausragende Bedeutung des Hörens.

Einundneunzigmal kommt »Hören« in den fünf Büchern Mose vor. Der Psalmbeter bittet: »Lass mich früh hören deine Gnade!« Die Verstockung und Halsstarrigkeit des ganzen Volkes Israel wird auf die tauben Ohren zurückgeführt. Auditionen stehen bei den Propheten neben den Visionen. Begnadete Menschenführer und Künder von Gottes Willen hören seine Stimme und werden zu seinem Sprachrohr. Wenn Jesus seine Gleichnisse mit der Mahnung beschließt: »Wer Ohren hat zu hören, der höre!«, dann machte er seine Lebensworte und ihre Reaktionen darauf zu einem Hör- und Sprachereignis, ganz im Sinne des Satzes »Höre, so wird deine Seele leben.« »Seele« meint

Höre, und du stärkst deine spirituellen Kräfte.

im Hebräischen Leib und Seele, die Person und das Leben im ganzheitlichen Sinne. Deshalb wird Hören hier zur Voraussetzung und zur Grundlage, aber auch zu der entscheidenden Haltung und zu dem Medium, durch das Leben lebendig wird. So bestätigt sich der Vorrang des Hörens vor dem Sehen, Tasten, Schmecken und Riechen.

Martin Luther sagt das sehr schön in einer Predigt kurz vor seinem Tod: »...ob man wol sein Reich nicht so het wie man das Weltliche siehet, so höret mans dennoch... Und Christi Reich ist ein Hör-Reich, nicht ein Sehe-Reich. Denn die Augen leiten und führen uns nicht darin, da wir Christum finden und kennen lernen, sondern die Ohren müssen das thun... das Reich Christi stehet allein im Gehöre...« Solche Sätze und Erfahrungen müssen in unserer

45

Zeit der akustischen Umweltverschmutzung neu zu ihrem Recht kommen. Durch überlaute Musik in Diskotheken und über Walkman wird der Gehörsinn überstrapaziert und frühzeitig abgenutzt. Der kanadische Komponist und Musikforscher Murray Schafer bringt das auf die knappe Formel: »Der achtzehnjährige Großstadtbewohner und regelmäßige Diskothekenbesucher hört so schlecht wie ein achtzigjähriger Landbewohner.« Immer stärker werden wir einer Dauerberieselung durch Musik ausgesetzt. Sie ertönt im Supermarkt, beim Zahnarzt und aus der Nachbarwohnung. Das bewirkt eine zerstreute Wahrnehmung von Musik. Dabei ist Musik eigentlich zum Hinhören, nicht

Wehre dich gegen Dauerberieselung mit Musik.

zum Weghören da! Genaues und konzentriertes Hinhören ist die Grundlage für das Aufnehmen von Botschaften und das Wahrnehmen von Menschen. Durch eine dauernde Klangkulisse werden wir gezwungen, die Technik des »Weghörens« immer weiter zu entwickeln, die dem bewussten Zuhören genau zuwiderläuft. Die Gefahren seelischer und körperlicher Abstumpfung werden größer. Ich habe mir angewöhnt, in einem Lokal oder im Taxi freundlich darum zu bitten, die Musik abzustellen. Ich sage schlicht, dass ich Musiker bin und ein empfindliches Gehör habe. Ich meine, wir müssten da klarer und mutiger werden, um der akustischen Umweltverschmutzung zu begegnen.

Nur wer bewusst und konzentriert hört, dessen Seele bleibt lebendig und gesund.

5. Hören stiftet Liebe

Hören ist nicht nur der spirituellste, sondern auch der »liebevollste« Sinn. Im Kapitel »Liebe durchs Ohr« berichtet

Joachim-Ernst Berendt über Hinweise auf die »besondere Zärtlichkeit des Gehörs«. Bei den Kalingas beruht ihr ausgeglichenes Sozialverhalten offensichtlich auf der Tatsache, dass das Ohr bei ihnen ein sekundäres Geschlechtsorgan ist. Die Liebe beginnt bei ihnen »nicht mit dem Kuss auf den Mund, sondern mit dem Berühren, Streicheln und Küssen des Ohrs. ... Sie ›hören‹ einander auf das intimste und genaueste, bevor sie irgendetwas anderes tun.« Ich denke an alte Bilder, die die Ankündigung der Geburt des Jesuskindes und Gottessohnes darstellen. Ein Strahl aus dem Mund des Engels trifft auf das Ohr der Maria: Empfängnis geschieht über das Ohr, das hört – das Wort ist der göttliche Same, das Ohr ist das ›geistliche‹ Geschlechtsorgan.« Hier kommt eine alte Tradition an ihren Höhepunkt. Sie wird anschaulich beschrieben in der Schöpfungsgeschichte: Gott, der Schöpfer, schafft Leben und den Kosmos durch sein Leben spendendes Wort. Jedes der sechs Tagewerke Gottes beginnt mit dem wirkmächtigen »Und Gott sprach...« Und dann entstehen Licht, Erde, Himmel, Tiere, Pflanzen und am Ende der Mensch. Jedes seiner Werke und jeder Tag endet mit dem Satz: »Es war sehr gut.« Leben ist Schöpfung durch das Wort der Liebe! Die Kraft und Wirkungsmacht des Wortes drückt die Bibel in vielen Bildern aus: Das Wort ist wie ein Hammer, der Felsen zerschmeißt, oder wie ein scharfes Schwert. Es tut, was es sagt. Die Linie geht weiter bis zum berühmten Prolog des Johannesevangeliums: »Am Anfang war das Wort, und das Wort war bei Gott.« Und dann wird Jesus als das Wort, der Logos, hymnisch gefeiert. Wenn Faust diese

Höre auf das Wort, denn das Wort schafft Leben.

Sätze aufnimmt und korrigierend sagt: »Im Anfang war die Tat«, so ist das kein Gegensatz: Das energiegeladene und liebevolle Wort tut, was es verspricht. Die Dichter, aber auch die Liebenden aller Zeiten gehen von dieser Erfahrung aus. Sie waren und sind überzeugt von der Macht des Wortes, die mehr bewirkt als alle Gewalt in den Revolutionen.

Die meisten intensiven seelischen Beziehungen zwischen Menschen verlaufen über das sensible und geduldige, liebevolle und einfühlsame Hören: Wir sind »ganz Ohr«, so ganz und geborgen wie im Mutterleib, wo wir über das sehr früh ausgebildete Hörorgan den Herzschlag und die Stimme der Mutter als prägendes Urerlebnis des

Wer nicht lauschen kann, bleibt einsam.

Vertrauens empfinden. Im Lauschen, das aus dem Schweigen und der Stille kommt, begegnen sich Menschen in der Liebe. Da erfahren sie sich und den anderen als Geschenk. Lauschend erschließt sich das Wesen, die Einmaligkeit und das Verstehen eines anderen in der Tiefe.

Wer nicht mehr lauschen kann, bleibt einsam.

6. Hören überwindet Grenzen

Mit dem Ohr können wir sinnenüberschreitend wahrnehmen. Das zeigt sich z. B. in dem Vers »Meine Seele hört im Sehen«, den Georg Friedrich Händel in den Deutschen Arien vertont hat. Die Kopplung von Hören und Sehen zu einem Vorgang beschreibt Johann Gottfried Herder sehr schön: »Siehet das Auge? Höret das Ohr? Dein innerer Sinn siehet; er nur höret und weiß, was er von außen vernahm. Und du zweifelst, Freund, am hohen inneren Weltsinn? Hörst du die Harfe nicht? Willst du auch sehen den Ton?«

Die Mystiker aller Religionen werden als »sehende Menschen« beschrieben. Das Wort Mystik kommt etymologisch von griechisch myein. Übersetzt heißt das: die Augen schließen. Das innere Auge ermöglicht eine Schau, die offen ist für Worte, die wie in eine geleerte Schale fallen. So wird die nach innen gerichtete Wahrnehmung beschrieben, die Übersinnliches erschließt. Es ist uralte Praxis, beim intensiven Hören, Denken und Beten die Augen zu schließen, um so Wege nach innen zu öffnen. Wir sollten das viel öfter tun!

Musik ist die immateriellste der Künste. Sie, die auf Luftschwingungen beruht, ist am ehesten geeignet, Übersinnliches sinnlich erfahrbar zu machen und in Bereiche vorzudringen, die jenseits des Verstandes und sogar der

Musik macht Übersinnliches sinnlich erfahrbar.

Sinne liegen. Nach Thomas Mann ist es »der tiefste Wunsch der Musik, überhaupt nicht gehört, noch selbst gesehen, noch auch gefühlt, sondern, wenn das möglich wäre, in einem Jenseits der Sinne und sogar des Gemüts, im Geistig-Reinen vernommen und angeschaut zu werden. Allein an die Sinnenwelt gebunden, müsse sie doch auch wieder nach stärkster, ja berückender Versinnlichung streben.« Wie in diesen Worten im Dr. Faustus beschrieben, bildet Musik eine Brücke zwischen Sinnlichem und Übersinnlichem. Sie wird materiell mit menschlichen Stimmen und Instrumenten gemacht, und doch ist sie immateriell, ein Geistesgeschehen.

Das Notenblatt, die Partitur sind nur ein unvollständiges Hilfsmittel, ein »Stenogramm«, ein unzulängliches »Abbild« der Musik.

Musik ist die Kunst der Zeit, sie gestaltet Zeit. Sie findet in der Zeit statt, aber sie überhöht, ja überwindet die Zeit. Vergangenheit und Zukunft verschmelzen in ihr. Die Gegenwart vergeht wie der Ton, bevor wir sie »festgemacht« oder »festgehalten« haben. Und doch ist im Augenblick des Erklingens die ganze Fülle der Musik gegenwärtig.

7. Hören bewegt

Durch Bewegung wird Musik schöner! Sie erfasst nicht nur unseren Geist und unsere Seele, sondern auch unseren Körper. In einer Zeit, in der immer mehr Menschen sich verkrampfen und verschließen, in der Haltungsschäden, Neurosen und Phobien zunehmen, liegt mir daran, den Sinn für Bewegung zu schärfen und zu einer neuen Sinnlichkeit und Körperlichkeit anzustiften. In Musikveranstaltungen erleben wir, wie wir körperlich und motorisch reagieren. Wir klatschen gemeinsam im Takt und Rhythmus der Musik. Beim Hören des berühmten englischen

Durch Bewegung wird Musik schöner.

Abschiedsliedes »Should auld acquaintance be forgot« werden häufig pendelnde und schwingende Körperbewegungen ausgelöst. Und wenn es gemeinsam gesungen wird, fasst man sich überkreuz an den Händen und bildet eine hin- und herpendelnde Kette. Ein so durch die Musik initiiertes Gemeinschaftserlebnis senkt sich tief in die Herzen der Beteiligten ein und vermittelt unvergessliche Schlüsselerfahrungen. Ich möchte Mut machen zu solchen Erfahrungen! Hemmungen und Passivität werden überwunden, wenn unsere Füße und Beine tanzartige Bewegungen machen, wenn wir unsere Arme erheben und mit dem Oberkörper und dem Kopf wiegen. Ich schaue gern auf Menschen, die sich begeistern lassen und sich verzückt ganz der Musik hingeben. Ich spüre dann, wie hier der Lustgewinn steigt, und wie sie befreit werden, ihre eigenen Gefühle auszudrücken. Das führt zu einer erheblichen Intensivierung des Musik- und Körpererlebnisses im Sinne ganzheitlicher Sinnlichkeit, macht Mut zu einem Leben mit Liebe und Lust.

Ich staune immer wieder und ärgere mich auch, wenn bei traditionellen klassischen Konzertveranstaltungen Stirnrunzeln und laut geäußertes Unverständnis für solche Körperreaktionen aufkommt. Viele konservative Hörerinnen und Hörer sehen dadurch die »Würde« des musikalischen Kunstwerkes gefährdet und fürchten den »Untergang« der abendländischen Musikkultur. Was bei Jazz- und Popkonzerten, Jugend- und Massenveranstaltungen, aber auch bei Opern selbstverständlich ist, wird hier als peinlich und störend empfunden. Es hat sich eingebürgert, erst nach dem letzten Satz einer Sinfonie oder eines Solokonzertes zu applaudieren, selbst wenn das Werk länger als eine Stunde dauert. Angeblich wäre die Ganzheitlichkeit des Werkeindruckes gefährdet, wenn etwa am Schluss einer hinreißenden, äußerst virtuosen Improvisation der Solokadenz im Instrumentalkonzert spontan geklatscht würde. Was ist das für ein enges und einseitiges Verständnis von Ganzheitlichkeit, wenn die Sinne unterdrückt werden und Stille erzwungen wird! Der Soziologe Max Weber hat schon früher diese »Entkörperlichung« der

Hab Mut, deine Gefühle durch Bewegung auszudrücken.

abendländischen Musikkultur beklagt. Er plädiert wie ich für eine neue Körperlichkeit sinnlichen Musikerlebens. Es gibt verheißungsvolle Ansätze, die ich bei Musikfestivals erlebe, oder wie sie Joachim-Ernst Berendt inszeniert. Er motiviert die Besucher, mit eigenen Bewegungen die gehörte Musik nachzuvollziehen. Er wagt sich dabei sogar an geistliche Werke wie die h-Moll-Messe von Johann Sebastian Bach. Solche Versuche gehen in die richtige Richtung, sie müssten verstärkt unternommen werden.

8. Hören öffnet Herzen

Je mehr wir uns öffnen, desto mehr dringt in uns ein. Diese Wahrheit gilt für alle Lebensbereiche, lässt sich aber im Umgang mit Musik besonders gut erkennen. Je mehr wir uns der Musik hingeben mit einem offenen Herzen und einem entspannten Körper, desto tiefer dringen ihre geistigen und heilenden Kräfte in uns ein. Wenn wir zerstreut oder unkonzentriert, verspannt oder widerwillig sind, negativ gestimmt oder überkritisch, dann sind wir

Je mehr du dich öffnest, desto mehr dringt in dich ein.

»zu«, »besetzt« und »dicht«. Was für den Musikgenuss gilt, spüren wir auch sonst: Ist unsere Einstimmung und Empfangsbereitschaft unterentwickelt, entgehen uns die schönsten und wichtigsten Dinge im Leben.

Wir müssen mehr Mühe darauf verwenden, uns zu entspannen, uns zu öffnen und uns hinzugeben an Musik wie an die wesentlichen Dinge und Erfahrungen. Dann werden wir gefüllt und erfüllt mit ihrer Schönheit und Kraft.

Unser Bewusstsein muss sich auf das Positive richten. Es gibt so viel Negatives, Schlimmes und Schreckliches in der Welt. Wir werden täglich mit so viel Negativnachrichten bombardiert, wir haben selbst so viele Sorgen und Ängste in uns, dass der Hunger nach dem Guten und der Durst nach dem Schönen immer größer werden. Wir wollen uns

Lerne positiv zu denken und zu leben.

nicht entziehen, sondern unsere Verantwortung wahrnehmen und unsere Handlungsspielräume nutzen. Positiv denken, fühlen, sprechen und handeln kann zu einer Kraftquelle für uns werden. Dann geht uns auf, dass es in unserem Leben noch etwas anderes gibt als Konflikte und Kriege, Konsum und Korruption, Kämpfen und Kraftlosigkeit. Wir leben dann bewusster und intensiver.

Ich denke an die Musik des genialen Mozart. Sie fasziniert durch ihre eingängigen Melodien, durch ihre schönen, heiteren und sinnlichen Klänge. Diese scheinbar unbeschwerte Musik ist aber nie oberflächlich und vordergründig. In ihr schwingt eine Tiefe mit, die um alle Abgründe und Geheimnisse der Seele zu wissen scheint. Sie ist gestaltete Liebe. Sie lässt Göttliches geheimnisvoll aufleuchten und gibt uns eine Ahnung vom Paradies, das wir verloren haben. Deshalb geht sie uns zu Herzen und dringt tief in unsere Seele ein.

Hören wir einen Satz wie das Adagio aus dem Klavierkonzert A-Dur KV 488, so spüren wir: Diese Musik muss alles Leid, alle menschliche Sehnsucht durchschritten haben. Sie lässt aber dieses alles nicht einfach hinter sich. Es sinkt gleichsam auf den Grund. Und über diesem dunklen, schmerzlichen Grund entfalten sich – wie ein Lächeln unter Tränen – abgeklärte, trostreiche Klänge von wunderbarer, fast überirdischer Schönheit. Die Sehnsucht ist zur Ruhe gekommen, Leid getröstet, Traurigkeit aufgehoben in der Liebe. Wer sich solcher Musik so hingeben kann, dessen Herz wird reich gefüllt. Beschenkt wird er sich dann auch für andere Menschen öffnen. Hemmungen, Sprachlosigkeit und Berührungsängste wird er überwinden. Er sieht hinter Masken und oberflächliches Gehabe. Er weiß um den Hunger nach Schönheit und wird sensibel für die Nöte und Probleme anderer, teilt mit ihnen ihre unerfüllte Sehnsucht nach Ruhe. Er wird frei und mutig, seine beglückenden Erfahrungen mitzuteilen, in einer Sprache, die

Öffne dich den heilenden Kräften
der Musik und teile sie anderen mit.

von Herz zu Herz geht. Wenn jeder sich nur einem einzigen Menschen so herzlich zuwenden würde, wären die Warte- und Krankenzimmer in Deutschland leerer. Dann hätten die Depressiven und Einsamen alle einen Nächsten, und die Kosten für die vielfältigen sozialen Aufgaben würden erheblich gesenkt.

9. Wahrnehmen bewirkt Verstehen

Ganzheitliches Wahrnehmen führt zum ganzheitlichen Verstehen. Wer Verstehen nur rational als Sache des Kopfes vollziehen würde, missachtete die besten Gaben in sich: Intuition, Einfühlsamkeit, Zärtlichkeit und emotio-

Traue deiner Intuition.

nale Zuwendung. Wer seine Verstandes-, Gefühls- und Sinneskräfte nicht zusammenhält, kann nicht mit sich selbst eins werden und harmonisch leben. Zwischen diesem Dreieck der Kraftquellen muss ständig Strom fließen. Reine Kopfmenschen sind kalt, reine Gefühlsmenschen lebensuntüchtig, reine Sinnesmenschen egoistisch. Verstehen richtet sich auf uns selbst, aber auch auf andere Menschen, Dinge und Ereignisse.

Früher war es üblich, uns als Subjekt der Wahrnehmung und des Verstehens all dessen zu sehen, was außerhalb von uns selbst war. Zwischen Subjekt und Objekt gab es nicht nur Trennungen, sondern Gräben. Es wurde hier so strikt getrennt wie zwischen Innen- und Außenwahrnehmung. Man sprach von »objektiver Betrachtung« und meinte ein vorurteilsfreies, sachliches und rationales Sehen ohne eigene Betroffenheit. Die »subjektive Betrach-

Intuition und Einfühlsamkeit helfen,
dich selbst und andere besser zu verstehen.

tung« war der Gegensatz dazu und betonte die persönlichen, emotionalen und nach innen gerichteten Verstehensenergien. Eine Spaltung, ein scharfer Dualismus waren die Folge. »Teilnehmendes« Verstehen kennt solchen Dualismus nicht. Wir wissen heute, dass wir es im Betrachten eines menschlichen Gegenübers niemals nur mit einem »Objekt«, sondern mit einem Menschen zu tun haben, der in

irgendeiner Beziehung zu uns steht. In jeden Verstehens-
vorgang bringen wir unsere Betroffenheit wie unsere Vorerfahrungen ein. Und diese Vorerfahrungen sind rational,
emotional und körperlich-sinnlich zugleich. In den modernen Naturwissenschaften wird das längst bestätigt. Selbst
so genannte exakte und objektive Messungen gibt es
nicht. Sie hängen ab von deren Vorfragen und den Interes-
sen des jeweiligen messenden Menschen. Ich plädiere für
ein persönlich beteiligtes und an anderen teilnehmendes

Lerne die Stille zu lieben.

Verstehen, sensibel einfühlsam, zärtlich eindringend, liebevoll umgreifend.

Solches Verstehen analysiert und seziert nicht nur, sondern überwindet die kühlen Distanzen zwischen uns und
unserer Außenwelt.

Für dieses Verstehen spielt das Hören eine zentrale Rolle, weil es die Einheit von Innen und Außen, von Hörer
und Gehörtem bewirkt und Fremdheit wie Entfremdung
überwindet. Hören baut Brücken. Es ist die Stille, die in-
tuitives und meditatives Hören fördert. In ihr werden

Meditatives Hören fördert Beziehungen.

»Hineinhorchen« und »Hineinschauen« (jeweils in mich
und andere(s)!) Geschwister.

Musik kann dieses meditative Verstehen sehr unterstützen. Sie bewirkt körperliche, seelische und geistige Entspannung, die für eine nach innen gerichtete Konzentration und nach außen wirkende teilnehmende Betrachtung
eine wesentliche Voraussetzung ist.

Fühle dich in die Lieblingsmusik anderer ein.

Musik ist auch ein besonders starkes Medium für ganzheitliches Verstehen.

Sie ist für alle ein Ausdruck ihrer Gestimmtheit, ja ihrer persönlichen Identität. Meine Musik gehört zu meinem Leben, in ihr bin ich ganz bei mir. Darum hat jeder seine Lieblingsmusik. Fühlen wir uns nun in die Lieblingsmusik anderer ein, dann verstehen wir sie in ihrer Begeisterung für ihre Musik und stärken sie in ihrem Selbstwertgefühl und in ihrer Einmaligkeit. Die Zuwendung wird als wohltuend empfunden, über einen liebevollen Kontakt kommt es zu engen menschlichen Beziehungen, die das Leben erwärmen und schön machen.

Meine Erfahrungen aus dem aktiven Umgang mit Musik zeigen mir das täglich. Beim Chorsingen, beim Ensemblespiel und bei der Gruppenimprovisation im Jazz hören Menschen aufeinander, sie stellen sich aufeinander ein. Wer sich nur selber hört oder darstellen will, ist für gemeinsames Musizieren ebenso wenig geeignet wie für die

Gemeinsames Musizieren verbindet.

Liebe. Das Gebot »Liebe deinen Nächsten wie dich selbst« mit seinen großen Chancen für mich und andere findet beim Musizieren ein ideales Trainingsfeld.

Gleiches erlebe ich beim Kanonsingen, das ich am liebsten mit Tausenden von Menschen durchführe. Sangesungewohnte haben zuerst ein abweisendes, fast versteinertes Gesicht. Lassen sie sich zum Mitmachen anstecken, dann lächeln sie plötzlich entspannt, schauen und hören auf den Nachbarn, lehnen sich nicht nur stimmlich an ihn an. »Liebe deinen Nächsten wie dich selbst« hat zur Voraussetzung: »Höre deinen Nächsten wie dich selbst« und

Wer hört, wird gehört, wer versteht, wird verstanden.

zur Folge: »Du verstehst den Nächsten wie dich selbst.« Wer von sich selbst absehen kann, nimmt andere wahr. Wer hört, wird gehört, wer versteht, wird verstanden, wer liebt, der wird geliebt. Hier liegen die großen Möglichkeiten für ein sinnerfülltes Leben mit Liebe und Lust. Wir brauchen eine ästhetische Kultur menschlicher Beziehungen, des sensiblen Wahrnehmens, des gegenseitigen Einfühlens und des empathischen Verstehens. In der Gesprächstherapie wird das seit Jahren angestrebt und erfolgreich praktiziert. Ihre Grundsätze und Erfahrungen möchte ich auf ein Modell neuer Sinnlichkeit mit Musik übertragen und umsetzen. Hier sehe ich eine große Chance.

Statt Idole anzuhimmeln und Ersatzleitbildern nachzulaufen, finden wir dann zu einem viel direkteren und persönlicheren Miteinander. Starrummel und Massensuggestion gedeihen nur bei unselbständigen, unfreien und nicht mit sich selbst identischen Menschen. Alles konzentriert sich auf den Star der »Show«, der Mensch neben mir wird unwichtig, ist wie Luft. Das Idol wird im alten Sinne des Gegenübers zum Objekt, auf das ich meine Bedürfnisse und geheimsten Sehnsüchte emotional übertrieben projiziere. Durch diesen Starkult verliere ich alle warmen menschlichen Beziehungen, die zu mir selber und zu anderen. Ich fliehe vor mir selbst und vor dem anderen. Dagegen gilt: Flieh nicht, halte stand – dir selbst und der Wirklichkeit. »Versteh dich selbst – und du verstehst andere Menschen besser. Schließe dich selbst auf – und du schließt andere auf!«

Selbsterkenntnis ist harte Arbeit. Sich selbst auszuhalten fällt schwer. Sich selbst zu überwinden erfordert die größte Mühe. Aber sie lohnt sich am meisten.

Viele Menschen neigen zum Selbstbetrug. Auf der Suche nach sich selbst gelangen sie oft zu erschreckenden Ergebnissen. Sie entdecken, dass sie nicht gut, sondern böse sind, nicht wahrhaftig, sondern verlogen, nicht mutig, sondern feige. Viele leiden auch darunter, dass ihre Selbstliebe egoistisch ist und größer als ihre Liebe zum Nächsten. Wer die harte und unbequeme Arbeit an sich selbst scheut, entwickelt leicht ein Phantasiebild von sich. Es steht dann im krassen Gegensatz zur eigenen Wirklichkeit und zu seiner Wirkung. Solche Menschen wirken wie schlechte Schauspieler.

Überwinde dich selbst,
und du gewinnst andere.

Die Arbeit der Seele ist zweifellos die anstrengendste Arbeit, schwerer als harte körperliche Arbeit. Dazu gehört das aufrichtige und aufmerksame Gespräch mit uns selbst ebenso wie die unaufhörliche und nie endende Suche nach uns selbst. Das setzt die Bereitschaft voraus, lebenslang zu lernen. »Suche und versteh dich selbst!« – das ist nicht auf das Jugendalter beschränkt, das gilt für jede Stufe und Phase unseres Lebens. Das gleicht einer Reise durch die ständig sich wandelnde Landschaft unseres Lebens. Das Leben ändert sich – und wir sollten uns nicht wandeln? Wir müssen angesichts des rasanten Tempos unserer Tage lebenslang lernen – und wir wollen das nur auf den Kopf und unsere Hände beschränken?

Leben ist eine einzige große und aufregende Suchbewegung. Es gleicht einem Abenteuer mit allen Chancen und Gefahren, mit Neugier und Angst. Aber das Wagnis ist schön! Erich Fried sagt: »Wer nur will, dass die Welt bleibt, wie sie ist, will nicht, dass sie bleibt.« Gleiches gilt auch für mich selbst. Die Suche nach uns selbst dauert bis zum letzten Atemzug. Jörg Zink formuliert das so: »Ein Leben reicht nicht aus zu verstehen, wer wir selbst sind, unsere Kräfte zu entdecken und zu regen, uns selbst auszuschreiten auf der Suche nach dem Menschen in uns.«

Auch auf dieser Reise kann uns die Musik helfen. Es gibt viele Lieder, die dieses Suchen thematisieren. Die »Winterreise« von Franz Schubert z. B. ist die Gestaltung des Satzes »Das Land der Sehnsucht mit der Seele suchen.« Der Zyklus beginnt mit dem Lied »Fremd bin ich eingezogen, fremd zieh ich wieder aus.« Und dann wird die Reise nach innen musikalisch verdichtet. Wünsche und Träume, Mühen und Enttäuschungen säumen den Weg. Wir finden darin uns selbst wieder, durchleben gleichsam therapeutisch die Erfahrungen des Weges, den wir schon gegangen sind, und die Erfahrungen der noch vor uns liegenden Wegstrecke. Wir steigen da hinab in unser Unterbewusstes, erleben in ganz besonderer Weise das Echo unserer Empfindungen, unserer Lust und unserer Ängste. Unbewusste und verdrängte Gefühle werden zum Leben erweckt und durchlebbar. Wir werden so aber auch verwandelt, atmen uns frei und

Hab Mut, ganz du selbst zu werden.

kommen aus innerer Starre in Bewegung. Der unvergessene Leonard Bernstein gibt dafür eine zutreffende Begründung: »Das liegt daran, dass Musik Bewegung ist... Diese Bewegung kann uns über unsere Gefühle mehr sagen, als tausend Worte es könnten.« In der Aufklärung vor 200 Jahren lautete die wichtigste Lebensmaxime: »Habe Mut, dich deines eigenen Verstandes zu bedienen.« Heute sage ich: »Hab Mut, ganz du selbst zu werden. Denn du bist nicht das, was du bist. Du kannst es aber werden!«

10. Verstehen schafft Verständigung

Alles, was ich bisher zum Wahrnehmen und Verstehen gesagt habe, bildet die Voraussetzung für Verständigung. Das einfühlende und liebende Verstehen ist die beste Voraussetzung für eine gelingende Verständigung.

Die Kunst des aktiven Zuhörens besteht darin, dass der »Empfänger« dem »Sender« die Ergebnisse seiner »Decodierung« fortlaufend rückmeldet. Bei jeder Verständigung muss die Genauigkeit des Verstehens ständig überprüft werden. Der »Sender« muss wachsam auf Missverständnisse und Verzerrungen achten, aber genau so der »Empfänger«. Der Vermittlungsvorgang beruht auf einer Wechselbeziehung zwischen beiden. Die »Rückmeldungen« zeigen sich im Augenkontakt und Blickaustausch, im Ni-

Aktives Zuhören schafft Verständigung.

cken oder in bestätigenden Worten wie »oh« und »mmhmm« oder durch interessierte Rückfragen wie »wirklich?«. Sie schaffen ein kommunikatives Klima, in dem sich beide verstanden fühlen. Dann gedeihen Gespräch und Verständigung, aber auch die seelische Entfaltung und persönliche Entwicklung eines Menschen. Wir machen den anderen glücklich, wenn wir ihm signalisieren, dass wir ihn verstehen, achten und anerkennen.

Verstehen und Verständigung entfalten sich nur in einer Atmosphäre der Ruhe und Konzentration. Wer überzeu-

Wer überzeugen will,
muss in sich ruhen.

gen und andere gewinnen will, muss in sich ruhen. Nur aus innerer Ruhe, Harmonie und Stimmigkeit kommen Sicherheit und strahlende Kraft und Klarheit. Diese Ruhe und Stimmigkeit erlangen wir vorzüglich mit den Mitteln der Musik. Die Begriffe Harmonie und Stimmigkeit, Taktgefühl und »guter Ton« stammen aus der Musik.

Indem wir Musik auswählen, die unseren lebensgeschichtlich bedeutsamen Erfahrungen und unserem musi-

Musik bringt zur inneren Ruhe.

kalischen Geschmack entspricht, gelangen wir selbst zu innerer Ruhe. Die Ergebnisse der musikalischen Wirkungsforschung und Musiktherapie bestätigen das.

Hören ist angewiesen auf Stille. Diese »Kultur der Stille« wird durch den unangemessenen Gebrauch von Rundfunk und Fernsehen immer stärker gefährdet. Sie sind »Todfeinde des Dialogs«, wie Wolf Schneider treffend formuliert.

Ein Klima des passiven Hinhörens, Hinsehens und Konsu-
mierens würde zu einem weiteren Verlust an Wirklich-

Kultur der Stille.

keit und Sinnlichkeit führen, Verstehen und Verständigung
erschweren.
Das Glück, angehört zu werden, ist zu einer seltenen
Kostbarkeit geworden. Wird Verständigung nicht prakti-
ziert als aktives Wechselgeschehen zwischen Sender und
Empfänger, dann wird die Wirkung dieselbe sein wie bei

Das beredte Schweigen.

der Berieselung aus dem Lautsprecher. Viele Worte, die einen Hörer suchen, verhallen unverstanden. Sprechende
sind oft einsamer, als sie glauben. Sie meinen einen Menschen, doch ihr einziger Partner ist das Sprechgeräusch.
Wir leben in einer Gesellschaft der offenen Münder und
nicht der offenen Ohren.
Hinzu kommt die Unzulänglichkeit der Sprache, wenn
sie sich auf die Mitteilung von Wörtern und das »ungeheu-
re Gebälk und Bretterwerk der Begriffe« beschränkt, wie
Friedrich Nietzsche plastisch formuliert. Sprache ist mehr

Der Ton macht die Musik.

als nur Informationsvermittlung. Zu ihr gehören die nonverbalen und musikalischen Anteile, Mimik, Gestik und
Gebärden. Sprache schließt auch ein die Wege, auf denen
ich mit mir selber und mit anderen ins Einverständnis gelange, also zu mir selbst finde und mich im anderen gut
aufgehoben weiß. Gerade die musikalischen Elemente sind
für Verständigungsprozesse tieferer Art bedeutsam. »Der
Tonfall ist die Klimaanlage für den Raum der Seele«, wie
der Rhetoriker Heinz Lemmermann es sehr schön ausdrückt. Der Tonfall kann die Atmosphäre erwärmen oder

abkühlen. Metallisch-harter Stimmklang lässt uns zu Eis gefrieren. Ein gereizter und aggressiver Tonfall lässt die Beziehungen verdorren. Hörer bekommen seelische Frostschäden. Meine Stimme zeigt, wie »stimmig« ich mich in dem fühle, was ich sage. Ob das Was, das, was ich sagen möchte, stimmt, hängt weitestgehend von dem Wie ab, mit dem ich es mitteile. Ich wage die These: Ob ich mit meinen Worten beim anderen wirklich ankomme, hängt zu achtzig Prozent davon ab, ob sich eine emotional gefüllte Gesprächsbeziehung entwickelt. Ärzte, Seelsorger und Berater wissen sehr wohl darum, dass sie mit ihrer Stimme trösten und beruhigen, die Angst bannen und seelische Verwundungen heilen können. Da vollzieht sich sinnliches Sprechen, da geschieht viel mehr als nur Information und eine nur oberflächliche Verständigung.

In einem jüdischen Witz fragt einer entsetzt, als er hört, dass der Nachbar beide Hände gebrochen hat: »Und womit soll er reden?« Sinnliches Sprechen wird ergänzt durch eine neu entdeckte Handlichkeit. Hände sprechen! Jede Hand ist einmalig unter Milliarden Händen, ebenso wie der, zu dem sie gehört. Jede Hand ist schön! Ich denke an die Lust und das Glück, mit der eigenen großen Hand den kleinen Kopf eines neu geborenen Kindes zu umfassen. An die Hand auf der Schulter – und die Last wird leichter. An die kühlende Hand auf fiebernd-heißer Stirn – und eine wohlige Erleichterung durchzieht den ganzen Körper. An die betenden Hände, aus denen die Erwartung spricht, gefüllt, verändert, erneuert, ganz durchdrungen zu werden mit Energie zum Leben. Die Hand ist Werkzeug und Spiegel der Seele, schreibt Romano Guardini. Das gilt dann

Sprechende Hände.

auch für verkrampfte und verschlossene Hände, die nur festhalten wollen, aber nicht geben können. Für die geballte Faust, die droht, die zum Schlag erhobene Hand, die schlägt oder tötet.

Für die Verständigung können wir sprechende Hände mit ihrem reichen Repertoire an Gesten und Gebärden sinnlich erfahrbar einsetzen. Wir haben da immer noch Hemmungen, viel zu viele Hemmungen! Wir sagen so gedankenlos: »Ich möchte meine Hand über dich halten!« Viel direkter und wirksamer ist es, einem anderen wirklich die Hand auf den Kopf zu legen und ihm das Gefühl der Geborgenheit und des Vertrauens spürbar zu vermitteln. Früher war es üblich, dass Eltern ihre Kinder beim Abschied durch Handauflegen segneten, sterbende Väter ihr Vermächtnis weitergaben, Mütter ihre Segenswünsche durch die aufgelegte Hand bekräftigten. Aus englischen Krankenhäusern ist mir bekannt, dass sich vor einer schweren Operation Ärzte und Schwestern, Familienangehörige und der Seelsorger um den Kranken stellen und jeder ihm die Hand auflegt. Das erinnert an das Wort tiefsten Vertrauens und gehaltener Angst aus dem wunderbaren Psalm 139: »Von allen Seiten umgibst du mich und hältst deine Hand über mir.« Ich weiß, dass so berührte Menschen anders in den Operationssaal gelangten, als sie befürchtet hatten. Wir sollten die Hand unverkrampft und mit dem Mut zum sinnlichen Sprechen als Empfindungs-, Ausdrucks- und Handlungsorgan wieder entdecken.

Es kann gar nicht oft genug betont werden, dass die Wortsprache als System akustischer Signale nur einen Teil unserer sprachlichen Verständigung bildet. Die Körpersprache benutzt viele Signale, spricht mit Händen und Fingern, Armen und Füßen, mit dem Zittern der Unterlippe und dem Zucken der Pupillen, mit dem Erröten unserer Wangen und dem Zähneklappern, dem Kopfschütteln und

Die Ausdruckskraft der Körpersprache.

dem Kniefall. Wie stark sprach etwa der Kniefall Willy Brandts vor dem Ehrenmal des Warschauer Ghettos 1970 von der Bitte um Versöhnung! Das Bild ging um die ganze

Welt und bestätigte die sprachliche Kraft der Gebärde des Kniefalls.

Musik ist nicht nur der intensivste emotionale Ausdruck, den sich Menschen in ihrer Kultur geschaffen haben. Musikalische Elemente durchdringen auch die Sprache und verleihen ihr Überzeugungskraft und Ausdrucksstärke. Je musikalischer wir unser Sprechen gestalten, desto Vertrauen erweckender, liebevoller und zärtlicher wird

Lege Musik in deine Sprache!

es. Dazu gehören die Pause – wie oben beschrieben –, der Wechsel der Tonhöhe – monotones Sprechen schläfert ein! –, die deutliche Klangfärbung der Vokale – sie erzeugen Schwingungen! –, abgestufte Dynamik zwischen lautem und leisem Sprechen – was starke Gefühlsreaktionen beim Hörenden hervorruft –, der Wechsel von getragener und abgehackter Artikulation – was die Intensität und Spannung erhöht –, die Gestaltung des Rederhythmus und des Redetempos – was das Gehörte abwechslungsreich und spannend macht. Alle diese nonverbalen, musikalischen Elemente unseres Sprechens zielen auf das Gefühl.

Wir wissen heute, dass damit das so genannte »Lustzentrum« in der rechten Hirnhälfte angesprochen wird, während die rationalen und verbalen Elemente der Sprache die linke Hirnhälfte erreichen. Im Lustzentrum entstehen zwar nicht unsere Emotionen. Es ist aber die Schaltstelle, in der die Gefühle ein komplexes Verhaltensmuster hervorrufen und zielgerichtetes Handeln ermöglichen. Eine elektrische Stimulation dieser Region unseres Gehirns führt zu angenehmen Empfindungen, zu einer gehobenen Stim-

Mit Musik in deiner Sprache öffnest du Herzen.

mungslage und zur »Redseligkeit«. Von dieser Region werden auch der Atem- und Herzrhythmus gesteuert. Das zeigt noch einmal, wie tief greifend die musikalischen Elemente der Sprache auf uns wirken. Hierauf beruht auch die therapeutische Wirkung von Musik.

Die Musik in unserer Sprache bietet uns einen goldenen Schlüssel zu den Herzen unserer Mitmenschen. Wir sollten ihn nutzen und damit mehr Herzen aufschließen.

Planen und gestalten

1. Erfülltes Leben braucht eine Vision

Jeder braucht eine Vision vom Leben. Wir Menschen haben die große Möglichkeit, den Sinn und die Ziele unseres Lebens selbst zu finden. Dafür brauchen wir das Gespräch mit uns selbst, den inneren Dialog in Fragen und Antworten. Die uralten drei W-Fragen der Menschheit schlummern in jedem von uns: »Woher komme ich? Was soll und will ich

Jeder braucht eine Vision vom Leben.

hier? Wohin gehe ich?« Dazu gehört die Überlegung, welche Gaben wir haben, welche Aufgaben wir übernehmen wollen und was wir erreichen möchten. Das erfordert Zeit und Aufrichtigkeit, Mut und Ernsthaftigkeit.

So fremd das jetzt klingt, aber es spiegelt die Tiefe eigener Selbsterkenntnis und Selbstverpflichtung wider: Bei der Frage nach dem Ziel unseres Lebens sollten wir uns der fiktiven Herausforderung stellen, jetzt ein Testament zu formulieren. Dabei ist nicht wichtig, wem wir was vererben, sondern die Bilanz unseres Lebens. Entscheidend ist das, was in einer kleinen Geschichte so beschrieben wird: »Nach seinem Tod kam ein Mann zu Gott. Er fragte Gott: ›War's das? Gott sagte: ›Das war das, was du daraus gemacht hast!‹ Gott lässt uns die Wahl. Man kann das Gute annehmen oder auch ablehnen!« Das Gute ist nichts anderes als das, was gut ist für mich und zugleich für andere. Aber das Gute ist auch das, was bleibt und zählt, wenn ich nicht mehr da bin.

Die Menschen vor uns haben sich viel mehr als wir heute schon mitten im Leben auf die letzte Stunde eingestellt und lebten so bewusster, überlegter und ernsthafter. Heute fällt es uns schwerer, über die Gestaltung unseres Lebens nachzudenken. Viele schwimmen auf der Oberfläche des Lebensstromes einfach mit und lassen sich von den lächerlichen Banalitäten des Alltags fortreißen, weg von tieferer Besinnung. In der so genannten

Du kannst den Sinn deines Lebens selber finden.

Midlifecrisis erkennen wir, dass wir uns in unserem Leben neu orientieren müssen. Manchmal sind es auch die erzwungenen Ruhepausen, die uns innehalten lassen. Die längere Krankheit, ein Unfall unterbricht plötzlich den Dauerlauf und fordert gebieterisch, Bilanz zu ziehen. Da werden wir gezwungen, loszulassen, was körperlich nicht mehr geht oder uns seelisch nicht mehr trägt. Da werden wir wesentlicher und treffen Entscheidungen für die Zukunft, die lebenswendenden Charakter haben.

Ich erinnere mich sehr gut an den 21. August 1989, als ich mit hoher Geschwindigkeit auf einen querstehenden Lastwagen auffuhr. Im Bruchteil einer Sekunde dachte ich, unentrinnbar dem Tod ausgeliefert zu sein. Mein ganzes

Zieh Bilanz, dann gestaltest du dein Leben bewusster.

bisheriges Leben raste im Zeitraffertempo an mir vorbei, so als müsste ich unmittelbar vor dem Tod die Bilanz meines Lebens ziehen. Das Wunder geschah, und ich überlebte mit geringfügigen Verletzungen. Was blieb, war die Dankbarkeit, dass ich weiterleben durfte. Und eine völlige Neubesinnung durch das Bewusstsein, dass jeder neue Tag seitdem ein geschenkter Tag eines zweiten Lebens ist. Mir half jene Wende zur Umkehr, die ja im tiefsten Sinne immer einen Neuanfang bedeutet. Ich lebe jetzt nicht nur bewusster, sondern nehme meine Möglichkeiten und Grenzen aufmerksamer wahr. Ich wende mich seitdem intensiver und einfühlsamer jungen Menschen zu und versuche, ihnen meine Lebenserfahrungen zu vermitteln. Ich helfe seitdem verstärkt älteren Menschen, sich selbst zu finden oder wieder zu finden.

Nicht anders erging es meinen Eltern. Mein Vater wurde von Krankheiten psychosomatischer Art gequält, bis er den Sinn seines Lebens fand. Er begann, die Natur zu schützen und die Vogelwelt zu erforschen. Das begeisterte ihn so, dass aus dem seminaristisch ausgebildeten Volksschullehrer ein bedeutender Ornithologe und erfolgreicher Naturschützer wurde. Meine Mutter fand zur Musik. Die wurde zum Sinn ihres Lebens. Sie legte eine Musiklehrerprüfung ab und gründete in meinem Geburtsort eine Musikschule. Sie belebte das gesamte Musikleben der Region. Mit neunzig Jahren starb sie. Ich schaue dankbar auf ihr durch Musik erfülltes Leben, bestimmt von positivem Denken, Fühlen und Handeln.

2. Erfülltes Leben ist wie gelungene Musik

Zu einem sinnerfüllten Leben gehören sinnvolle Zeitplanung und Zeitgestaltung, denn Zeit ist das kostbarste Geschenk, das wir zu verwalten haben. »Mein Erbteil, wie herrlich weit und breit, die Zeit ist mein Besitz, mein Acker ist die Zeit«, sagt Goethe. Sie gehört uns ganz – und sie ist doch zugleich wie ein Acker, der wohlbestellt werden will. Wir brauchen ein ganzes Leben, um die Kunst

Zu einem sinnvollen Leben gehört eine sinnvolle Zeitplanung.

der Gestaltung von Zeit als Lebenszeit zu lernen: als Zeit zum Leben und als Leben mit geschenkter Zeit. Die Gefahr, sie zu vergeuden oder totzuschlagen, ist heute besonders groß. Wer ihr erliegt, lebt am Leben vorbei. Wer sie meistert, wird glücklich.

Auch hierbei kann die Musik als Modell dienen. Musik ist die Kunst der Zeitgestaltung. Sie beschenkt uns mit dem Erlebnis, Zeit einzuatmen mitten in Zeitnot und Atemnot, in Zeitdruck und in eng gewordenem Leben. Sie öffnet Räume und Zeiträume, indem sie unsere innere Zerstreuung konzentriert und durcheinander geratene Gefühle klärt. Sie bringt unseren emotionalen Haushalt wieder ins Gleichgewicht. Mit ihr können wir

Musik ist ein Modell für den Umgang mit der Zeit.

uns erholen. Wir werden wieder wir selbst. Mit Musik wird unsere Zeit frei, wird diese Stunde zu einem Streifen des Ackers, in den wir Freude und Hoffnung, Liebe und Schönes hineinwerfen können, damit sie Frucht bringen. Erfülltes Leben ist wie die gelungene Aufführung guter Musik!

Wir sind selbst verantwortlich für den Zeitfahrplan unseres Lebens. Wir schreiben die »Partitur unseres Lebens« selbst. Mit anderen führen wir sie dann auf und bleiben dabei der Dirigent dieser unserer Partitur. Wir bestimmen das Tempo und die Dynamik, die Akzentuierung und die Pausen unseres Werkes. Wir können die Partitur umschreiben, wenn es die Situation erfordert. Im Idealfall sind wir nicht nur Komponist und Dirigent, sondern auch der Solist eines von uns selbst komponierten Solokonzertes. Wir können dabei improvisieren wie der Solist in einem klassischen Solokonzert in der Kadenz. Vorgeplantes und Improvisiertes gehören zusammen. Unser Leben als »Zeitkunstwerk« besteht immer

Schreib die Partitur deines Lebens selber.

aus der Planung und der Improvisation von Zeitabläufen, aber auch aus dem Zusammenwirken verschiedener Themen und Motive, Tempi und Farben, Harmonien und Disharmonien wie in einem Konzert. Wollen wir erfolgreiche Lebenskünstler werden und unser Leben nach allen Regeln der Kunst mit Liebe und Lust gestalten, so können wir viel von der Musik und ihren Gesetzmäßigkeiten lernen.

Jeder Musiker übt viele Jahre, bis er sein Instrument beherrscht. Sein Leben lang dringt er immer tiefer zum Wesen der Musik vor, wird er mit ihren Gesetzmäßigkeiten

Gestalte dein Leben als Kunstwerk.

immer vertrauter. Ohne Selbstbeobachtung und -kontrolle, Geduld und unermüdliches Training wird er sein Ziel nicht erreichen.

Genau so ergeht es uns, wenn wir unseren Lebensentwurf verwirklichen, wenn wir die Partitur unseres Lebens zum Klingen bringen wollen.

Wenn wir in dem inneren Dialog mit uns selbst unsere Lebensmitte, unseren Lebenssinn und unser Lebensziel gefunden haben, wenn wir uns das Kunstwerk unseres Lebens vorstellen können, beginnen wir unsere Vorstellung umzusetzen. Auch hier drängt sich wieder der Vergleich mit der Musik auf.

3. Rhythmus prägt unser Leben

Wenn der Komponist in einem »Particell« die wichtigsten Themen und Motive, Formen und Strukturen skizziert hat, geht er an das zeitaufwendige Schreiben der Partitur. So auch wir. Dazu helfen die folgenden Überlegungen über den Rhythmus des Körpers, unseren Biorhythmus und unsere innere Uhr und weitere Erkenntnisse aus der Forschung.

Vom rhythmischen System unseres Körpers hängt unsere Gesundheit ab. Das Herz mit seinem symbolträchtigen

Rhythmus prägt unser Leben.
Nimm die Rhythmen deines Körpers wahr.

Rhythmus ist das anschaulichste Beispiel eines rhythmischen Körperorgans. Ebenso ist das Atmen mit dem Zusammenziehen und der Dehnung der Lunge und dem Pumpen frischen Sauerstoffes rhythmisch geprägt. Dieser polare Dauerrhythmus ist zugleich lebenswichtig und seelisch bedeutsam. Atmen bildet die Voraussetzung für Sprechen und Singen.

> Im Atemholen sind zweierlei Gnaden:
> Die Luft einziehn, sich ihrer entladen.
> Jenes bedrängt, dieses erfrischt;
> So wunderbar ist das Leben gemischt.
> Du danke Gott, wenn er dich presst,
> Und dank' ihm, wenn er dich wieder entlässt.

sagt Goethe im Westöstlichen Divan. Geheimnisvollstes Organ des Menschen ist das Gehirn mit seinen zwölf Milliarden Zellen. Seine Funktion beruht auf äußerst differenzierten Rhythmen und elektrischen Schwingungen zwischen acht und hundert Hertz. Die kleinste Veränderung unseres Vorstellungsvermögens, auch Zeitangst und Zeitnot, Traumunruhe oder Beruhigung im Schlaf finden ihren Niederschlag in einer Veränderung der Rhythmen im Gehirn. Die wiederum wirken sich aus auf ungezählte andere Regelsysteme unseres Körpers. Wir sind also durch und durch rhythmisch organisiert und gesteuert.

Dem biologischen Rhythmus unseres Körpers entsprechen Zeitabläufe, die unser ganzes Leben gliedern: Tages-, Wochen-, Monats- und Jahresrhythmus. Wer von den Rhythmen seines Körpers weiß, wird sich auf die Rhythmen in der Natur und im Jahresablauf einstellen. Das fällt Großstädtern heute besonders schwer. In unserer künstlich-unnatürlichen Welt nehmen wir den Wechsel der Jahreszeiten viel weniger wahr. Die Gesetze der Wirtschaft gehen über die Festzeiten und besinnlichen Zeiten wie mit

Stell dich auf die Rhythmen der Natur und der Zeit ein.

einem Bulldozer hinweg. Anfang November findet in den Verkaufspassagen bereits Weihnachten statt, bald nach Weihnachten kommen die Osterhasen. Sonntage werden eingeebnet, das Leben wird zum Gleichmaß der Tage ohne sinnvolle Höhepunkte gemacht. Die Folge sind Rhythmusstörungen, grauer Alltag, ein heilloses Durcheinander, das unseren Körper überfordert und unsere Seele nicht füllt.

Die eigene Zeitgestaltung wird darum immer wichtiger. Sie beginnt damit, dass wir wieder auf die eigenen inneren Rhythmen hören und unserer biologischen Uhr lauschen. Wir haben von Natur aus einen ausgeprägten biologischen Zeitsinn und eine unbewusste Zeitwahrnehmung. Hinzu kommt eine erkennende, ja intellektuelle »Ich-Instanz«, die »der Zeit inne wird« und registriert, dass Zeit vergeht.

Mit jeder Körperzelle wird Zeit erspürt. Wir haben in unserem Körper eingebaute Zählwerke, die uns Zeitfortschritte bekannt geben. Wir müssen sie nur aufnehmen. Wie gut dieses eingebaute Zeitzählwerk funktioniert, weiß jeder. Wir können uns vornehmen, zu einer bestimmten Zeit aufzuwachen. Wird dieser Vorsatz trainiert, so brauchen wir keinen Wecker. Dieses Erwachen ist um so pünktlicher, je lustbetonter und angenehmer der kommende Tag für uns ist. Vor Reisen wachen wir sogar früher als festgelegt auf – eine Mischung aus Spannung und Vorfreude ist der Grund. Entscheidend ist die Erkenntnis, dass wir es lernen können, die Zeit zu schätzen, und auch zukünftiges Erleben »vorzeitigen« können in Träumen und Gedanken. Je mehr wir von uns selbst und unserem Leben wissen, umso zuversichtlicher können wir in die Zukunft blicken und unsere Lebenspartitur schreiben.

Wenn wir um den Rhythmus als Grundlage unseres Lebens wissen, achten wir auch auf unseren Biorhythmus. Er bestimmt unsere Leistungsfähigkeit. Sie schwankt im Laufe des Tages. Um die Mittagszeit erreicht sie den Tief-

Achte auf deine biologische Uhr.
Berücksichtige deine persönliche Leistungskurve.

punkt und steigt ab fünfzehn Uhr wieder an. Heute hat der rhythmusfeindliche Tageslauf fast alle Berufsgruppen in den Strudel der gesundheitsfeindlichen Pausenlosigkeit gezogen. Den Biorhythmus zu missachten schädigt den Körper.

Dieser biologische Tagesrhythmus verändert sich je nach Jahreszeit und gestaltet sich in der Urlaubszeit anders als in den Zeiten höchster Anspannung. Deshalb ist es für die Aufstellung unseres Zeitplanes wichtig, unsere persönliche Leistungskurve zu ermitteln und – wo möglich – bei der Planung der Arbeitszeit, der Schlafzeit und der Freizeit zu berücksichtigen.

Auch die Körpertemperatur schwankt in einem sehr ausgeprägten Tagesrhythmus. Sie erreicht gegen fünfzehn Uhr ihren Höchstwert und nachts gegen drei Uhr ihren Tiefstwert. Unser Puls schlägt mittags rascher als nachts. Der Blutdruck ist am späten Nachmittag am höchsten und sinkt nachts auf ein Minimum. Dasselbe gilt für die Atemfrequenz und ähnliches für den Sauerstoffverbrauch. Auch die anderen Organe wie das Blut unterliegen beträchtlichen tageszyklischen Schwankungen. Vormittags zwischen zehn bis zwölf liegen die Zeiten des größten Konzentrationsvermögens und nachmittags wieder zwischen fünfzehn und siebzehn Uhr.

Diese genannten und viele weitere Rhythmen sind auf vielfältige Weise voneinander abhängig und bestimmen unsere Leistungsfähigkeit.

Wollen wir unsere Zeit optimal einteilen, müssen wir neben den Rhythmen auch Faktoren wie Stimmung und familiäre Belastung, Motivations- oder Frustrationsgrad und andere kritische Phasen beachten, die unsere Leistungskurve mitbestimmen.

Zur Lebensgestaltung gehört also die Beobachtung aller dieser Rhythmen. Wer nach seiner inneren Uhr lebt, lebt besser und gesünder.

4. Eine Zielhierarchie aufstellen

Bei der konkreten Aufstellung unseres Lebenszeitfahrplanes empfiehlt es sich, eine eigene Zielhierarchie zu entwerfen. Ganz oben steht die Vision von unserem eigenen

> *Zeit ist das kostbarste Geschenk.*
> *Bemühe dich, sie sinnvoll einzusetzen.*

Leben, darunter schreiben wir die Etappenziele. Wir können sie untereinander schreiben wie auf die Sprossen einer Zielleiter. Unter den mittelfristigen Zielen, mit denen wir das richtunggebende Lebensziel ansteuern wollen, stehen dann die Kurzziele. Auf der untersten Sprosse ist das Tagesziel zu lesen. Immer wieder müssen wir einhalten und Einkehrzeiten nehmen, um zu prüfen, ob unsere Einzel-

> *Setze deine Vision vom Leben um in kleine Schritte.*

ziele nach oben angebunden sind, ob die Ziele realistisch sind, ob wir die beruflichen oder familiären Beziehungen angemessen integriert und ob wir unsere körperliche Verfassung berücksichtigt haben. Daraus ergeben sich dann Handlungsschritte und Zeiteinheiten, deren Vordringlichkeit oder Überflüssigkeit wir bewerten müssen.

Auch hier ist das Modell der Partitur aus der Musik hilfreich. Als Komponisten unserer »Lebenspartitur« dürfen wir nicht nur an die Oberstimme denken, sondern auch an die anderen etwa dreißig Stimmen des Orchesters. Sie müssen aufeinander abgestimmt sein nach allen Regeln der Harmonielehre und des Kontrapunktes. Je einfühlsamer und feinsinniger wir die vielen Stimmen berücksichtigen, desto wohlklingender und mitreißender wird der Klang und die Dynamik unseres »Lebenskunstwerkes«.

Die Aufstellung unseres Lebenszeitfahrplanes in allen kleinen Schritten erfordert ein hohes Maß an Intuition, Kreativität und Fantasie. Um sie zu fördern, können wir

Nutze die Kreativität deines Unterbewusstseins.

die unerschöpflichen Kräfte unseres Unterbewusstseins nutzen. Es arbeitet wie ein genialer Computer und ist nicht nur eindimensional, sondern unendlich vielschichtig programmiert. Es ist außerordentlich zuverlässig.

Zur Gestaltung unserer Zeit nutzen wir am besten die Traumzeit, und zwar nicht nur in den Schlafträumen, sondern auch in der Tagtraumzeit.

Die Erkenntnisse der Traumforschung deuten darauf hin, dass wir den Traum viel zu wenig in den Dienst unserer Lebensgestaltung nehmen. Ein Drittel unseres Lebens

Stelle den Traum in den Dienst deiner Lebensgestaltung.

schlafen wir. Jeder träumt einhunderttausend Träume in seinem Leben, durchschnittlich vier pro Nacht. Hinzu kommt noch die Zeit für unsere Tagträume. Alle paar Minuten klinken wir uns für fünf bis vierzehn Sekunden aus und entfliehen in das Reich der Fantasie und schöpferischen Kreativität.

Tag- und Nachtträume sind nicht nur Fluchthelfer, sondern unverzichtbare Helfer für unsere Lebensgestaltung.

Sie vermitteln uns wichtige Erkenntnisse. Unser Unterbewusstsein ist ständig auf der Suche nach Lösungen anstehender Fragen und Konflikte. Alles, was uns im Leben durch die Zeit vergewaltigt, findet im Traum eine grenzüberschreitende Dimension. Die Zeitforscher nennen sie die »Ewigkeits- oder Unvergänglichkeitsdimension«. In

Achte auf die Eingebungen deines Unterbewusstseins.

wenigen Sekunden läuft im Zeitraffertempo das Erleben vieler Jahre ab. Wir blicken zurück in die Vergangenheit und erheben uns mit kühnen Gedanken- und Fantasieflügen in die Zukunft. Träumend dringen wir in übersinnliche Erkenntnis- und Erlebnisdimensionen vor.

Die Zeit wird zum Punkt, zum inneren Augenblick. Wir erhalten völlig neue Einsichten, vorausschauende Erkenntnisse blitzen auf. Sie sind von unglaublicher Tragfähigkeit. Träume schaffen eine geniale Zeitsynthese und vermitteln uns tiefste Erkenntnisse, die wir durch das ausgeklügeltste Nachdenken und durch gewagteste Spekulationen nicht erlangen können. Aus allen Religionen sind uns die »Seher« bekannt, sind uns die Träume als Medium göttlicher Offenbarungen und Aufträge vertraut. Träume sind keineswegs Schäume! Die Volksweisheit weiß das besser. »Leg dein Buch unters Kopfkissen!« sagt sie. Ich habe damit viele gute Erfahrungen gemacht. Da »sackt« nicht nur das Gelesene oder Gedachte, da ordnet und klärt es sich. Der biblische Satz »Den Seinen gibt's der Herr im Schlaf« steht ebenso für die geniale Arbeit unseres Unterbewusstseins, das an und mit uns arbeitet.

Tagträume können wir für eine kreative und effektive Zeitplanung nutzen. Was wie Zeitvergeudung aussieht,

Nutze die Tagträume zur Bewältigung deiner Probleme.

entpuppt sich als ein hervorragendes Mittel gegen die permanente Zeitnot, gegen Hetze und Stress. Ich selbst praktiziere das. Vor großen Vorträgen, Predigten oder wichtigen Sitzungen tauche ich ab und tauche ein in einen Tagtraum. Entspannt kehre ich zurück und kann gelassener mit schwierigen Situationen fertig werden. Diese kurzen Zeiten des meditativen Versinkens vermitteln nützliche Botschaften und Erkenntnisse. Sie stabilisieren das Gemüt, geben Ruhe und Seelenfrieden selbst in turbulenten Augenblicken.

Loslassen bedeutet auch hier gewinnen!

5. Zeitinventur machen und Zeittagebuch führen

Zur Kunst der kleinen Schritte auf eine Zeitplanung hin empfiehlt es sich, ein Zeittagebuch anzulegen. Zunächst sollten wir die Durchschnittswerte der täglichen und wöchentlich anfallenden Aufgaben ermitteln. Danach brauchen wir Kategorien für unseren Einsatz an Zeit: Planungszeit, Lesezeit, Schreibzeit, Besprechungs-, Telefon- und Reisezeit. Wichtig ist dabei, die anspruchsvollen Tätigkeiten in die Hochphasen unserer Leistungsfä-

Beuge dem Stress vor: Lege ein Zeittagebuch an.

higkeiten zu legen, wie ich sie oben grundsätzlich beschrieben habe. Dabei ist zu beachten, dass wir uns in der Regel nicht länger als neunzig Minuten intensiv auf eine Sache konzentrieren können. Deshalb brauchen wir Kontrastprogramme, um unsere Konzentration aufzufrischen.

Zur Aufstellung unseres Zeitplanes gehört es, die Störfaktoren zu bedenken. Zu den häufigsten Störungsarten gehören unangemeldete Besucher, Anrufe, das Suchen schwer auffindbarer Schriftstücke, die Verkehrsprobleme.

Günther Feyler hat einige Fragen formuliert, die uns hel-

fen können, einen eigenen Zeitfahrplan aufzustellen: Was
mache ich besonders gern? Was muss ich unbedingt

Bedenke Störfaktoren und Zeitdiebe.

tun? Was ist mir dabei unangenehm? Wie kann ich lästige
Arbeit schneller erledigen? Was ist im Augenblick das
Wichtigste für mich? Wofür möchte ich in Zukunft mehr
Zeit haben? Was sind meine »Zeitsünden«?

An diesen und weiteren Fragen können wir dann unsere
ein- bis zweiwöchige Zeitinventur messen. Dabei muss die
»Ich-Zeit« ganz besonders berücksichtigt werden. Sie wird
immer wichtiger, fast überlebenswichtig. Wir können
nicht nur planen, vorausschauen und rechnen. Wir brauchen Augenblicke, in denen wir unseren Tageslauf über-

Plane »Ich-Zeiten« ein.

denken, zurückverfolgen und vorausplanen. Wir können
von den Nonnen und Mönchen lernen, die solche »Einkehrzeiten« seit Jahrtausenden in festgelegten Stundenge-
beten einhalten. In der Stille wachsen gute Gedanken,
reifen Entscheidungen für Veränderungen, Willenskraft
und stärkendes Selbstbewusstsein. Zwischenbilanzen sind
heilsam. An unserem begrenzten Zeitvorrat zerren so
viele, die uns oft genug in die Zeitzwickmühle bringen.
Dagegen hilft nur eine ruhige Überlegung, was ich jetzt
kann und nicht will, wenn ich der Familie, der Firma oder
einem Verein gerecht werden muss, was ich für Freunde
tun kann und will.

Eine schonungslose Zeitinventur ist nicht lieblos oder
gar unmenschlich. Sie hilft uns, bewusster zu leben, klarer
zu sein, mehr Zeit für Wichtiges zu haben und Unwichtiges beiseite zu stellen, unsere Zeitnot zu erkunden und
unsere Zeitkonflikte ehrlich zu betrachten. Das alles dient
der Setzung von Prioritäten, also der Umsetzung meiner
Vision vom Leben in kleine Schritte. Kalenderfragen sind

Prioritätenfragen, sage ich gern. Darum führe ich meinen Terminkalender selber, weil ich mir diesen letzten Rest der Freiheit von Fremdbestimmung bewahren möchte. In einem »Dekalog der Gelassenheit« hat Papst Johannes XXIII. geschrieben: »Nur für heute werde ich ein genaues Programm aufstellen. Vielleicht halte ich mich nicht genau daran, aber ich werde es aufsetzen. Und ich werde mich vor zwei Übeln hüten: vor der Hetze und der Unentschlossenheit. Heute ist es mir gegeben, das Gute während zwölf Stunden zu wirken.«

Für unsere Zeitinventur ist es wichtig zu bedenken, von welchen Menschen ich Anerkennung und Wertschätzung erwarte und wem ich sie geben kann. Dazu gehört eine gehörige Portion positiv verstandener Egoismus. Er setzt mich instand, ich selbst zu sein und ganz ich selbst zu bleiben, wenn ich etwas für andere tue. So werde ich es auch bestimmt besser tun. Genießen und Verschwenden sind dann keine Gegensätze zu einer effektiven Zeitgestaltung. Die Zeitkategorien, die meistens zu kurz kommen in der Atemlosigkeit unseres Lebens, sind die Ich-Zeit und die Streicheleinheiten. Ihnen sollten wir einen besonderen Stellenwert geben.

Zu den Hauptursachen für Zeitverschwendung gehören eine unklare Zielsetzung, falsche Prioritäten, mangelnde Delegation von Aufgaben, unklare Entscheidungen, Unfähigkeit beim Zuhören und der besondere Sprachfehler, unter dem viele leiden: Sie können nicht Nein sagen. Hinzu kommt der unangemessen hohe Konsum von Fernsehen und nur zerstreuender Literatur. Gefährliche Anzeichen einer schlechten Zeitplanung sind emsige Geschäftigkeit, übertriebene Hektik, eiliger Gang, Weitschweifigkeit in

Unklare Zielsetzung führt zu Zeitverschwendung.

Gesprächen und beim Telefonieren. Betonte Aktivität ist oft eine Schutzreaktion vor Unsicherheit und Zweifeln.

Das Wichtigste bei einer sinnvollen Zeitplanung ist,

dass wir uns Pufferzeiten schaffen. Solche Zeitreserven gehören zum Geheimnis einer bewussten Organisation des

Schaffe dir Pufferzeiten.

eigenen Lebens. Sie sollten bei Arbeitenden dreißig Prozent der gesamten Arbeitszeit betragen. Pufferzeit dient
als Vorbereitungs- und Nachbereitungszeit, ist notwendig
für Unvorhergesehenes und für die Reaktion auf aktuelle
Herausforderungen. »Legen Sie mehr Zeit in Ihre Arbeit
als Arbeit in Ihre Zeit«, mahnt der Dichter Friedrich Dür-
renmatt zu Recht. Plane ich Pufferzeiten ein, verliere ich
keine Zeit, sondern gewinne sie. In ruhiger Überlegenheit

Lege mehr Zeit in deine Arbeit als Arbeit in deine Zeit.

vollbrachte Arbeit macht glücklicher als hektisch vollzoge-
ne und gelingt besser. In den Pufferzeiten weitet sich der
Horizont. Ich sehe dann auch meine Zeitdiebe klarer, kann
mich ihnen zuwenden. Sie empfinden das dann wie einen
liebenswürdigen Zeitblumengruß.
  Eine sinnvolle Regel für die Zeitplanung lautet: Tu das

Tu das Wichtigste zuerst.

Wichtigste zuerst. Die drei wichtigsten Dinge stehen oben
an der Spitze. Sie sollten als erstes erledigt werden. Sind es
schwierige Angelegenheiten, müssen wir den Biorhythmus
beachten.
  Eine wichtige Entscheidung bei der Aufstellung des
Tagesplanes ist die Antwort auf die Frage, was wir alles
n i c h t tun wollen. Sie begründet unsere Souveränität im

Mache dir klar, was du nicht tun willst.

Umgang mit der Zeit und unsere Flexibilität bei der
Setzung von Prioritäten. Einer der größten Zeitdiebe ist

die Unentschlossenheit. Deshalb mutig und klar entscheiden!

Ein besonderer Zeitdieb ist das Telefon. Unkontrolliertes Telefonieren kostet viel Zeit. Ich muss klar unterscheiden, was ich mit einem Anruf bezwecke: Information oder Kommunikation. Die »Telefonitis« ist zu einer Zeitkrankheit geworden. Es wird zu viel, zu weitschweifig, mit unklaren Informationsabsichten und in der Freude am Monolog telefoniert, wo es um reine Mitteilungen oder Verabredungen geht. Davon muss das Telefonieren aus Einsamkeit deutlich unterschieden werden. Hier bietet sich das Telefon

Geh kontrolliert mit dem Telefon um.

als Medium intensiver Kommunikation geradezu an. Telefongespräche bauen Brücken und helfen, aus der Isolation zu befreien. Telefonketten bei älteren und an ihre Wohnung gefesselten Menschen werden viel zu wenig abgesprochen. Der morgendliche »Kontrollruf« kann zum Lebenswecker und zum freundlichen »Guten-Morgen-Gruß« werden.

Stress erwächst aus Zeitnot und schlecht kontrollierter Zeiteinteilung. Wer gestresst ist und sich jagen lässt, spürt sein zusammengepresstes Herz, den falschen Atemrhythmus, leidet unter Schlaflosigkeit. Die Angina pectoris ist heute die häufigste Stressfolge. »Ich will endlich wieder einmal Zeit für mich selbst haben«, ist der Notschrei der Stressgeplagten. Günther Feyler empfiehlt zur Therapie drei goldene Regeln:

1. Dran bleiben, wo es Spaß macht. Die ungeliebten Tätigkeiten überprüfen, Abstriche machen, neue Motivationen suchen durch die Frage nach dem Sinn und dem Ziel unserer Tätigkeiten.

2. In angemessenem Tempo arbeiten! Nicht zu viel in den Tag hineinpacken, eine als angenehm empfundene »Dauergeschwindigkeit« finden, die unserem inneren Rhythmus

entspricht. »Wer ständig in Eile ist, kann nicht würdevoll einhergehen«, sagt ein chinesisches Sprichwort.

3. Immer öfter einmal abschalten! Kurzes Aussteigen in Tagträume, Übungen zur Meditation und Tiefenentspannung machen, Autogenes Training nutzen, Bewegungstraining (z. B. auf dem Trimmrad oder Trampolin) und Dehn- und Atemübungen durchführen.

Zeitplanung und Zeitgestaltung gehören zu den schwierigsten Problemen unseres Lebens. Für Berufstätige wird es immer wichtiger, sich gegen Zeitdruck und immer schneller werdendes Tempo zu wehren und zu wappnen. Für diejenigen, die nicht oder nicht mehr unter dem Diktat anderer und fremdbestimmter Zeitplanung leben, wird die freiwillige und eigenständige Zeit- und Selbstorganisation im Sinne eines gesunden Lebensrhythmus immer dringlicher. Dabei sollten wir uns nicht fremden Regeln unterwerfen, sondern eigene finden. Eine weise Lebenserfahrung von Alexandre Dumas nimmt auf, was wir oben über das Bedenken unseres Endes mitten im Leben gesagt haben: »Dann wirst du im Alter sagen können: Ich habe gelebt; und nicht: Ich hätte leben können.«
Hilfreich ist auch eine alte irische Weisheit:

Nimm dir Zeit, um zu arbeiten,
es ist der Preis des Erfolges.
Nimm dir Zeit, um nachzudenken,
es ist die Quelle der Kraft.
Nimm dir Zeit, um zu spielen,
es ist das Geheimnis der Jugend.
Nimm dir Zeit, um zu lesen,
es ist die Grundlage des Wissens.
Nimm dir Zeit, um freundlich zu sein,
es ist das Tor zum Glücklichsein.
Nimm dir Zeit, um zu träumen,
es ist der Weg zu den Sternen.

Nimm dir Zeit, um zu lieben,
es ist die wahre Lebensfreude.
Nimm dir Zeit, um froh zu sein,
es ist die Musik der Seele.

6. Sich selbst und andere begeistern

Begeisterung ist ein wichtiger Schlüssel zu einem glücklichen und sinnerfüllten Leben. In vielen alten Bildern wird

Begeistere dich selbst und andere.

der Geist in Feuerflammen dargestellt, die auf Menschen fallen, nicht um sie zu verbrennen, sondern um ihre Gedanken und Gefühle, ihre Worte und ihr Handeln feurig und mitreißend zu machen. Wer »an allen Ecken brennt«, der entwickelt überschäumende Fantasie, übersprudelnde Ideen und einen brennenden Eifer, die ihn zu einer charismatischen Persönlichkeit machen. Begeisterung ist der Glanz der Augen, der Schwung unseres Ganges, der feste Druck unserer Hand, der unwiderstehliche Drang unseres Willens und die Energie, unsere Ideen auszuführen. Begeisterte Menschen sind Kämpfer. Sie haben Siegermentalität. »Begeisterung bringt Erfüllung, ohne sie bleibt es bei Entschuldigungen.« Das war der Wahlspruch von Henry Ford.

Jeder kann sich selbst begeistern. Das erfordert die Konzentration auf das, was ich für wichtig halte, die Entwicklung meiner Fantasie und Vorstellungskraft von dem, was ich als meine Vision vom Leben entdeckt habe, und die Be-

Male dir dein Lebensziel mit leuchtenden Farben aus.

harrlichkeit eines starken Selbstvertrauens, das sich nicht unterkriegen lässt. Wir brauchen in unserer Gesellschaft wieder mehr Einzelne, die sich aus der Masse herausheben, sich nicht anpassen, gleichschalten und uniformieren lassen, die Zivilcourage und den Mut entwickeln, ein Original, ein ganz besonderer, eigenständiger und eigengeprägter Mensch zu sein.

Wer sein gewähltes Lebensziel in leuchtenden Farben und fantasievoll ausmalt, hat die Chance, es auf jeder Stufe des Weges dahin umzusetzen in sinnvolle Schritte. Selbstbegeisterung kann trainiert werden durch ein bewusstes Leben, kann sich entfalten durch Selbstprüfung, aufblühen in Willensstärke. Das geschieht nicht im Rückzug aus dem Alltag in Versenkung und Isolierung. Wer sich selbst und zugleich andere begeistern will, setzt sich dem bunten und oftmals verwirrenden Leben aus, ist zugleich offen für andere Menschen und selbstkritisch, lässt sich in Frage stellen und wird doch die Glut in sich selbst am Brennen halten. Er wird dabei sich selbst beobachten und auf seine aufrechte, überzeugende und »siegessichere« Körperhaltung achten. Er wird prüfen, ob seine Gesten überzeugend wirken und sein Gesichtsausdruck seinem inneren Gestimmtsein entspricht. Er wird sich um eine ansteckende und überzeugende Sprache und Sprechgestaltung mühen. »Flammende Reden«, »leuchtende Augen«, »der hat Feuer« sind Redewendungen, die die Wirkung der Selbstbegeisterung angemessen beschreiben.

Nur wer von sich und seiner Vision vom Leben und seinen Schritten auf dieses Ziel hin überzeugt ist, kann andere überzeugen. Wir trauen uns zu wenig, uns mitreißen zu lassen, uns in unserer Selbstmotivation »hochzuschau-

Nur wenn du von deiner Vision überzeugt bist,
kannst du andere überzeugen.

keln« und unsere guten Ideen preiszugeben. Die Angst, belächelt und als utopische Schwärmer abgetan zu werden, lähmt uns in unserer Selbstbegeisterung.

Eine Gefahr der Selbstbegeisterung besteht darin, andere geradezu »niederzuwalzen«. Die Kunst ist, sie mitzunehmen auf dem eigenen Weg zu den eigenen Zielen. Wer überzeugen will, muss anderen, dem Partner, den Mitarbeitern und »Mitstreitern« von Anfang an das Gefühl geben, dass das Erreichen des Zieles von ihnen nicht nur mitgestaltet, sondern geradezu selbst erfunden wird. Bekommen sie etwas von oben oder von außen vorgesetzt, blockieren sie. Wer Menschen führen will, muss den Eindruck entstehen lassen und ihn ständig verstärken, dass die Geführten die Erfinder eines eigenen optimalen Planes sind. Kriegen wir sie so in unser Boot, werden wir eine Mannschaft, entsteht ein starkes »Wir-Gefühl«. Das klingt vielleicht nach Taktik und mag den Eindruck erwecken, als würde ich mich für technische Tricks der Menschenführung stark machen. Das ist zu kurz gegriffen. Im Tieferen geht es mir schlicht darum, das Selbstwertgefühl anderer zu kräftigen, ihnen ein Gefühl der Geborgenheit und Zugehörigkeit zu vermitteln und sie für gemeinsames Vorgehen zu gewinnen. Wer Teamgeist entwickeln will, muss so begeistern können, dass alle im Team von sich selbst und den gemeinsam entwickelten Schritten auf das angestrebte Ziel hin begeistert sind. Dann hat er Autorität.

Ein Wir-Gefühl und -Bewusstsein wird sehr gefördert durch gemeinsame Unternehmungen, z. B. Ausflüge und Reisen, aber auch durch gemeinsames Musikhören in Konzerten, durch gemeinsames Singen und Musizieren und Spielen. Das stärkt die Lust, aufeinander zu hören, und die Fähigkeit, sich auf andere einzustellen und tragfähige Beziehungen zu schaffen.

Musik öffnet die Herzen und bringt wechselseitiges Vertrauen zum Blühen. Sie kann die immer wichtiger werdenden emotionalen Bindungen vertiefen und sie damit auch tragfähig machen.

7. Glücklich leben in Beziehungen

Glück finden wir nie allein. Glücklich werden wir nur im Miteinander. Wir sind auf das Du hin geschaffen. Wer nur selbst und allein glücklich werden will, wird lieblos, herz-

Glücklich leben wir nur in Beziehungen.

los und kalt. Wer nur andere glücklich machen will und ständig von sich selbst und seinem Glück absieht, opfert sich auf, wird ausgebrannt und leer. Sich und sein Glück im Glück des anderen zu finden, das ist Liebe.

Wenn ich mich vergewissern will, was Glück für mich und andere bedeutet, schaue ich gern in die alten irischen Segenswünsche. Sie nennen das Segen, was wir heute als Glück bezeichnen. Segen ist in ihnen alles, was mich mit anderen verbindet, mit den Menschen neben mir und der alten Erde, mit den Vögeln und dem Regen. Die Weisheit der Jahrhunderte, die Lebenserfahrung in Glück und Unglück, die Schönheit des Lebens wird in ihnen verdichtet.

Der folgende Segenswunsch ist ein Glückwunsch aus dem Jahre 1692, den man an einer Kirchentür in Irland fand. Er beschreibt, wie ein gelingendes Leben und das Glück in tiefen Beziehungen aussehen kann:

Geh deinen Weg ruhig – mitten in Lärm und Hast,
und wisse, welchen Frieden die Stille zu schenken vermag.
Steh mit allen auf gutem Fuße, wenn es geht,
aber gib dich selber nicht auf dabei.
Sage deine Wahrheit immer ruhig und klar
und höre die anderen auch an,
selbst die Unwissenden, Dummen –
sie haben auch ihre Geschichte.
Laute und zänkische Menschen meide.
Sie sind eine Plage für dein Gemüt.

Wenn du dich selbst mit anderen vergleichen willst,
wisse, dass Eitelkeit und Bitterkeit dich erwarten.
Denn es wird immer größere und geringere
Menschen geben als dich.
Freue dich an deinen Erfolgen und Plänen.
Strebe wohl danach weiterzukommen,
doch bleibe bescheiden.
Das ist ein guter Besitz im wechselnden Glück des Lebens.
Übe dich in Vorsicht bei deinen Geschäften.
Die Welt ist voll Tricks und Betrug.
Aber werde nicht blind für das,
was dir an Tugend begegnet.
Sei du selber, vor allem heuchle keine Zuneigung,
wo du sie nicht spürst.
Doch denke nicht verächtlich von der Liebe,
wo sie sich wieder regt.
Sie erfährt so viel Entzauberung, erträgt so viel Dürre
und wächst doch voller Ausdauer,
immer neu, wie das Gras.
Nimm den Ratschluss deiner Jahre mit Freundlichkeit an.
Und gib deine Jugend mit Anmut zurück, wenn sie endet.
Pflege die Kräfte deines Gemüts,
damit es dich schützen kann, wenn Unglück dich trifft,
aber überfordere dich nicht durch Wunschträume.
Viele Ängste entstehen durch Enttäuschung
und Verlorenheit.
Erwarte eine heilsame Selbstbeherrschung von dir.
Im übrigen aber sei freundlich und sanft zu dir selbst.
Du bist ein Kind der Schöpfung,
nicht weniger als die Bäume und Sterne es sind.
Du hast ein Recht darauf, hier zu sein.
Und ob du es merkst oder nicht,
ohne Zweifel entfaltet sich die Schöpfung so,
wie sie es soll.
Lebe in Frieden mit Gott,
wie du ihn jetzt für dich begreifst.
Und was auch immer deine Mühen

und deine Träume sind
in der lärmenden Verwirrung des Lebens,
halte Frieden mit deiner eigenen Seele.
Mit all ihrem Trug, ihrer Plackerei
und ihren zerronnenen Träumen –
die Welt ist immer noch schön!

8. Sich auf das Alter rechtzeitig einstellen

Zu unserer Lebensplanung gehört die frühzeitige innere
Vorbereitung auf das Alter. Bis vor kurzem ging man von
drei Phasen unseres Lebens aus: Kindheit und Jugend, Er-
wachsenendasein mit der Berufstätigkeit und Ruhestand,

Bereite dich frühzeitig auf dein Alter vor.

der einem Stillstand gleichkam. Diese starre Einteilung
muss überwunden werden. Sie ist viel zu schematisch: sie
reduziert die erste Phase als nur vorbereitende Zeit, die auf
die eigentliche Lebensphase und die sie prägende Arbeit
hinzielt, und sie entwertet die dritte Phase als minderwer-
tige Zeit des Niedergangs. Ihr liegt auch eine einseitige Be-
wertung und unangemessene Hochschätzung der Erwerbsarbeit zugrunde, die die nicht bezahlte Arbeit der
Mutter, die vielfältige ehrenamtliche Arbeit und die Arbeit
der Seele abqualifiziert. Ursache dafür ist auch, dass der
Wert eines Menschen einseitig nach seinem Gehalt und
Vermögen, nach seinen sichtbaren Erfolgen und äußeren
Statussymbolen beurteilt wird.

Altersgrenzen sind inzwischen sehr viel fließender, ja
unwichtiger geworden. Wir leben unser Leben sehr viel fle-
xibler und selbstbestimmter. Es gleicht einer kontinuierlichen Reise von einem geistigen Ort zum anderen, von einer Phase zur anderen. Die soziale »Uhr«, die auch heute

noch im öffentlichen Bewusstsein tickt und uns anzeigt, wann die Zeit zum Heiraten oder für den Ruhestand ge-

Lass dich nicht von Altersgrenzen einengen –
achte auf deine innere Uhr.

kommen ist, wird immer mehr ersetzt durch die eigene innere Uhr, auf die wir in den fließenden Grenzen und Übergängen hören und die zu eigenen Entscheidungen herausfordert. Falsch ist es auch, neue Grenzen innerhalb der dritten Phase, der des Alters, zu ziehen und zwischen den »jungen Alten« (60- bis 70-jährige) und den »alten Alten« (über 70-jährige) zu unterscheiden. Jede Einteilung grenzt nicht nur ab, sondern auch aus. Sie wirkt schematisch, etikettiert und reglementiert. Der Volksmund weiß es besser, wenn er sagt: »Man ist so alt, wie man sich fühlt.« Altern und Alter sind mehr eine Frage geistiger und körperlicher Verfassung als eine Frage der Jahre.

Ich werbe für das Bewusstsein, dass jede Lebensphase ihren Wert und ihre Chancen in sich hat, dass sie alle aber Stufen sind, die wir ersteigen auf unserer Wanderung durch diese Zeit. »Leben ist nicht ein Sein, sondern ein Werden«, sagt Martin Luther treffend. Wir sind nie fertig, lernen nie aus, wohl aber lernen wir lebenslang, auch bis ins hohe Alter und bis zum letzten Atemzug. Hermann

Jede Lebensphase hat ihren eigenen Wert.

Hesse hat in seinem bekanntesten Gedicht »Stufen« den alten Gedanken, dass wir hier Wanderer und »Pilgersleute« sind, so ausgedrückt:

Wir sollen heiter Raum um Raum durchschreiten,
an keinem wie an einer Heimat hängen,
der Weltgeist will nicht fesseln uns und engen;
er will uns Stuf' um Stufe heben, weiten.
Kaum sind wir heimisch einem Lebenskreise

und traulich eingewohnt, so droht Erschlaffen;
nur wer bereit zu Aufbruch ist und Reise,
mag lähmender Gewöhnung sich entraffen.
Es wird vielleicht auch noch die Todesstunde
uns neuen Räumen jung entgegensenden,
des Lebens Ruf an uns wird niemals enden...
Wohlan denn, Herz, nimm Abschied und gesunde!

Wird dieses Bewusstsein akzeptiert und von vielen praktiziert, dann wird das immer noch vorherrschende negative
Bild des Alters in ein positives Bild verändert und die tie-

Begreife das Alter als Chance.

fen Ängste vor ihm werden abgebaut. Die zum Kult gewordene Hochschätzung der Jugend, in den Dienst der
Werbung gestellt und ideal zum Vermarkten, wird relati-
viert. Begriffe wie »altes Eisen« (das ja bekanntlich rostet!),
Assoziationen zum Alter wie »unnütz«, »unbrauchbar«,
»wertlos« werden nach und nach verschwinden. Und die
unwürdige Aussonderung der Alten in Heime kann ebenso
gestoppt werden wie das Auseinanderleben der Generationen und der Familien, die oft schreckliche Isolierung der
alten Menschen. Nicht nur jede Zeit, sondern auch jedes
Alter ist unmittelbar zu Gott, hat seinen Wert und seine
Würde in sich. Wer das versteht, hat es leichter, alt zu werden. Er kann sich zu seinem Alter bekennen und muss sich
nicht krampfhaft jugendlich geben und kleiden. Das Alter
kann er als Zeit der Reife und als Chance begreifen.
  Der inneren Vorbereitung auf das Alter muss die praktische entsprechen. Zu einer sinnvollen Gestaltung der dritten Lebensphase gehört, dass wir körperlich und geistig
aktiv bleiben. Einen wichtigen Stellenwert gewinnt dabei
der aktive, kreative Umgang mit Kultur. Dazu gehört u. a.:
– Seniorentanz.
– Lesender, hörender und gestaltender Umgang mit Sprache in jeder Form.

- Gezielte Lektüre (bei Sehbehinderungen Lektüre von Großdruckbüchern).
- Konzipieren und Mitwirken bei Hörspielen.
- Gemeinsames Lesen und Diskutieren.
- Besuch von Autorenlesungen, um die Autoren auch persönlich kennen zu lernen.
- Mitwirkung in der Werkstatt »Schreiben kann jeder«, die der Anleitung zum Schreiben und Spielen mit Sprache dient.
- Die Kunst des Erzählens pflegen, z. B. durch Teilnahme am »Erzähl-Café«, in dem die Teilnehmer über eigene Erinnerungen berichten und damit bei den übrigen Teilnehmern ähnliche Erinnerungen wecken, die dann ausgetauscht werden. Das Ganze kann unter dem Motto stehen »Nachts fällt mir so viel ein...«. Ältere Menschen leben stark in der Vergangenheit. Deshalb spielt die Erinnerung eine große Rolle. Sie ist oft mit Musik verbunden, die sich mit bestimmten Ereignissen, Erlebnissen verknüpft und sich wie ein »roter Faden« durch das Leben hindurchzieht.
- Zeitungen machen und gestalten, d. h. Beiträge schreiben und Zeitungsseiten grafisch gestalten. Immer mehr Seniorenwohnanlagen geben eigene Zeitungen heraus, die von den Bewohnerinnen und Bewohnern selber gestaltet werden. Die interessantesten Beiträge werden sogar in der regionalen Zeitung abgedruckt, z. T. unter der Kolumne »Senioren schreiben für Senioren«.
- Kreativer Umgang mit Medien: Einige Wohnanlagen betreiben ein hauseigenes Radio: Die Musik- und Wortprogramme werden von den Bewohnerinnen und Bewohnern zusammengestellt, moderiert und kommentiert.
- Filmgespräche: Selbst ausgewählte Filme werden vorgeführt und diskutiert: Dadurch werden Kommunikationsprozesse ausgelöst, die den rein passiven Konsum überwinden.
- Theaterspielen ist ein hervorragendes Mittel zur Akti-

vierung, zum Mutmachen mit ansteckender Wirkung, zur Überwindung der Einsamkeit und Isolation.

– Theaterspielen heißt nicht nur Aufführen vorgegebener Stücke, sondern auch Improvisation von Szenen und Sketchen oder Selberschreiben von Stücken.

– Theaterbesuche sind dann am eindrucksvollsten, wenn sie gezielt durch Einführungen in die Werke und ihre spezifische Inszenierung vorbereitet werden.

– Singen und Musizieren.

– Chorsingen: Das Mitsingen im Chor ist besonders beglückend, weil es die Einsamkeit überwindet und Gemeinschaft stiftet. Mit der Darbietung der Arbeitsergebnisse des Chores kann man anderen Menschen Freude bereiten. Darüber hinaus verschafft ein Auftritt Befriedigung über die eigene Leistung und stärkt die Motivation zur Weiterarbeit.

– Beim Offenen Singen von Liedern und Kanons können auch Menschen einbezogen werden, die ohne künstlerischen Anspruch singen möchten. Im Vordergrund steht dann die Freude am gemeinsamen Singen, das Spannungen und Ängste abbaut und Gemeinschaft stiftet.

– Zum Selbermusizieren und Erlernen eines Instrumentes ist es nie zu spät. »Rentnerbands«, Seniorenorchester und Ensembles brauchen nicht unbedingt in der traditionellen Besetzung zu spielen (Trio / Streichquartett/ Bläserquintett usw.), sondern können beliebig zusammengesetzt werden, je nachdem, welche Instrumente gerade vorhanden sind. Geeignete Arrangements lassen sich ohne große Schwierigkeiten anfertigen. Auch dies ist eine kreative Herausforderung für die Senioren.

– Konzert- und Opernbesuche sind sehr beliebt: Sie können durch Werkeinführungen und einen Blick hinter die Kulissen gezielt vorbereitet werden.

– Bildnerisches Gestalten: Malen, Zeichnen, Handwerkern, Basteln und bildnerisches Gestalten gehören zu den kreativen kulturellen Tätigkeiten, die unserem Le-

ben einen Sinn verleihen können, indem sie den Selbstausdruck fördern.
- Workshops, Symposien und Tagungen zu kulturellen, regionalen ökonomischen, ökologischen, technologischen und weiteren aktuellen Themen bringen wichtige Anregungen für die eigene Lebensgestaltung.

Um all diese kulturellen Aktivitäten anzuregen, ist die gemeinnützige Einrichtung »New Generation« gegründet worden. Sie dient der Förderung der über Fünfzigjährigen.

NEW GENERATION
- motiviert und aktiviert,
- weckt und verstärkt Lebensfreude,
- entwickelt Angebote mit positiver Denkungsart,
- pflegt die Freundschaft gleich gesinnter Menschen, die aufgeschlossen, erlebnisbereit, kulturell und geistig interessiert sind,
- fördert verantwortliches, solidarisches Handeln, das getragen ist von der Sensibilität für die Sorgen und Probleme anderer Menschen,
- fördert den inneren und äußeren Frieden durch Aufgeschlossenheit und Toleranz, insbesondere jenen Menschen gegenüber, die anderen Alters- und Sozialschichten, Völkern, Nationen, Religionen und Kulturen angehören.

NEW GENERATION bietet
- kreative Freizeitangebote, insbesondere im kulturellen Bereich,
- kulturelle Veranstaltungen, u. a. kommentierte Konzerte, Theateraufführungen, Tanz-, Ballett- und Multimediaworkshops, Treffpunkte und Begegnungen. Die geplanten Treffpunkte bieten einen Blick hinter die Kulissen der Oper und des Theaters, der Medien, einen Blick in die Probenarbeit eines Orchesters, Chors und

Ballettensembles, in die Ausbildungsarbeit einer Musik- und Kunsthochschule, einer Universität und Fachhochschule usw. Die geplanten Begegnungen bieten Gespräche und Diskussionen mit exponierten Vertretern aus Kultur, Wirtschaft, Wissenschaft, Handwerk und Politik,

- Hausmusik, wie u. a. Anregungen und Serviceangebote zum Familienmusizieren zu Hause, in Wohngemeinschaften und in Gruppen,
- Tanzveranstaltungen, Bälle und sonstige gesellschaftliche Ereignisse, bei denen die Teilnehmer aktiv mitwirken,
- Sportveranstaltungen mit seniorengerechtem Wettbewerbsspektrum,
- Revitalisierungs- und Reaktivierungsprogramme,
- Ton- und Bildträger als Kulturvermittler und Motivatoren für Senioren,
- Bücher und Zeitschriften, die Senioren zu möglichst generationsübergreifenden Eigenaktivitäten in der Gruppe und allein anregen,
- Bildungs- und Erholungsreisen,
- Fortbildungsveranstaltungen im Rahmen eines Senioren-Akademie-Programms,
- betreutes Wohnen im Rahmen ambulanter Angebote, die auch den kulturellen Bereich umfassen.

Danken und loben

1. Wer dankt und lobt, hat mehr vom Leben

 An diesen Augenblick werde ich mich immer erinnern. Es war vor zwanzig Jahren. Wir waren auf einer Freizeit mit Jugendlichen. Vor dem Frühstück schlug ich vor, das bekannte Danke-Lied zu singen. Da wird einfach aufgezählt, wofür wir alles danken können: für jeden guten Morgen, für jedes kleine Glück, für Freunde und die Arbeitsstelle, dafür, dass ich danken kann. Die Jugendlichen mokierten sich zunächst und protestierten anschließend: »Naiv so etwas«, »Die Arbeitsstelle habe ich mir selber besorgt«, »Danken macht klein.« Ich war betroffen. Hier revoltierten Heranwachsende im Glauben an ihre eigenen Kräfte und an die Machbarkeit aller Dinge. Vielleicht hatten sie auch zu viel gehorsamen und artigen Dank gelernt. Wer nur gezwungen und um höflich zu sein »danke« sagen muss, dem wird das eigene Danken aus dem Gefühl heraus »Ich bin beschenkt worden« ausgetrieben. Wer sich gegen das spontane und von Herzen kommende Danken wehrt, hat entweder seine eigene Kindheit vergessen oder ist nicht bei den ganz kleinen Kindern in die Schule des Dankens gegangen. Sie nehmen Zuwendung

Lass spontanen Dank zu.

und Zärtlichkeit, Geschenke und Aufmerksamkeit einfach hin und freuen sich daran. Sie haben ein offenes Herz, offene Hände und glänzende Augen. Sie können sich unverstellt freuen und staunen. Sie sind wie ein leeres Gefäß, das sich selbstverständlich füllen lässt. Sie leben Erwachsenen vor, wie glücklich es macht, als Empfangende zu leben, und geben sich ganz hin an das Geschenkte. Und sie können die Freude an ihrem Glück zeigen, unverkrampft, ohne Rechnen und Gegenrechnen, ohne gleich zu überlegen: »Bin ich das wert? Was muss ich wiederschenken?« Sie können sich ganz hingeben an den Dank und beschenken ihre Eltern und alle, die sich ihnen zuwenden, mit Freude am Leben und an der Liebe. So haben beide mehr vom Leben: der, der dankt, und der, der Dankbarkeit empfängt.

Ein besonders schönes Beispiel für den naiven, kindlichen und ursprünglichen Dank ist das bekannte Gedicht

Lerne zu danken wie ein Kind.

des Wandsbeker Boten Matthias Claudius »Täglich zu singen«:

Ich danke Gott und freue mich
Wie's Kind zur Weihnachtsgabe,
Dass ich bin, bin! Und dass ich dich,
Schön menschlich Antlitz! habe;

Dass ich die Sonne, Berg und Meer
Und Laub und Gras kann sehen,
Und abends unterm Sternenheer
Und lieben Monde gehen;

Und dass mir denn zu Mute ist,
Als wenn wir Kinder kamen
Und sahen, was der heil'ge Christ
Bescheret hatte, Amen!

Wir Erwachsenen haben es schwerer damit. In Hamburg gibt es die Redewendung: »...da nich für!« Das kann anzeigen, dass wir auf Dank verzichten, weil wir gern gegeben haben. Es kann aber auch die Unfähigkeit zum Ausdruck bringen, Dank entgegenzunehmen und sich Gutes

gefallen zu lassen. Wir leben im Bann der Selbstverständ-
lichkeiten: Alles ist möglich und machbar, menschlich,

Gönne dir Gutes.

technisch, wirtschaftlich. Alles ist auch erklärbar. Wir wissen, wer für uns Gutes getan und bewirkt hat. Brot
kommt aus der Bäckerei, das technische Wunderwerk eines Autos aus der Fabrik, die Liebe ist hormonell-psycho-
logisch zu analysieren. Für das Staunen bleibt wenig
Raum, Wunder sind von vorgestern, der Glaube an den
Geber aller guten Gaben ist unsichtbar und nicht zu beweisen. Und wir sind sehr satt, übersättigt mit äußeren
Gütern, zugedeckt vom Wohlstand. Aber das alles macht
nicht satt im tieferen Sinne. Es überschwemmt geradezu
das Grundgefühl der Dankbarkeit für ein Leben, das als

Erfahre dein Leben als Geschenk.

ein Geschenk und eine Gabe auf Zeit verstanden wird, ein
Leben, an dessen Ende der Mensch in Frieden, »alt und le-
benssatt« sterben kann, wie es in der Bibel heißt. Wer
dankt, sieht und hört mehr. Er versteht besser: sich selbst
als einen Beschenkten und Begabten, andere als ebenso Beschenkte und zugleich noch ganz anders Begabte, er erfährt die Schönheiten der Welt und der Natur, der Musik,
der Worte und des menschlichen Geistes.

Dem Dankbaren ist nichts selbstverständlich. Er versteht auch das tägliche Brot als Geschenk. Mich erinnert
das an die Zeiten, als noch der Mangel an Lebensmitteln
herrschte und uns eingeschärft wurde: »Wirf nie ein Stück

Dem Dankbaren ist nichts selbstverständlich.

Brot weg, es ist kostbar!« In vielen Familien stand ein Brot-
teller aus Holz. Auf dem Rand war geschnitzt: »Unser tägliches Brot gib uns heute.« Ein Stück Brot war köstlich, es

war ebenso Gabe des Schöpfers wie Frucht der Erde und menschlicher Arbeit. Es wurde geehrt. Und in dem einen Stück Brot war alles enthalten, was wir zum Leben brauchen: äußerer und innerer Friede, ein Dach über dem Kopf und Freunde, sich nicht ängstigen müssen vor Krieg und Gewalt. Brot ist das elementarste Symbol für Menschen, die mehr als Empfangende denn als Machende leben. Der Dank, der aus dem Herzen kommt, wirkt Wunder – manchmal sogar bei denen, die das Danken verlernt haben. In jedem Falle gehört heute Mut dazu, dankbar zu sein, der Mut, die Gaben und Erfahrungen allesamt als Geschenk anzunehmen. Das wandelt Menschen, die diese Haltung einnehmen. Es wandelt aber zugleich die anderen Menschen.

Danken ist vom Loben nicht zu trennen. Bei einem Taufgespräch sagte ein Vater: »Ich brauche den Taufstein, zu dem ich meinen Dank tragen kann.«

Wer dankt, lernt loben.

Die Mutter des Kindes sagte enttäuscht: »Aber mir zu danken hast du vergessen!« Ich antwortete daraufhin: »Dank lässt sich nicht auseinanderrechnen, zuerst Gott und danach auch den Menschen. Das eine übt sich im anderen ein. Vielleicht ist es sogar eins.«

Wer das versteht, der öffnet sich und dem öffnen sich dunkle Horizonte. Wenn Afrikaner zu uns kommen, sagen sie uns: »Ihr habt das Loben verlernt, das aus dem Danken kommt. Eure Gesichter sind so zerfurcht.« Sie können viel fröhlicher Feste feiern, viel begeisterter ihrer Freude am Leben Ausdruck verleihen, sich Musik und Tanz ganz hingeben. Auch dazu gehört Mut, genau wie zum Danken. Wer lobt,

Loben macht dich geschwisterlich.

schaut von sich selbst weg auf andere und anderes. Er weiß, dass er nicht programmfüllend ist. Er sehnt sich danach, Schönes zu entdecken, auf Freude gestimmt zu werden, Größeres als sich selbst zu erleben. Lobend überwinden wir den Egoismus, künstliche Grenzen, Zweifel und Mutlosigkeit.

Ich denke an den großartigen Sonnengesang von Franz von Assisi, in dem er die Schwester Sonne und den Bruder Mond besingt:

Höchster, allmächtiger, gütiger Herr,
Dein sind der Lobpreis, die Herrlichkeit,
die Ehre und jegliche Segnung.
Dir allein, Höchster, gebühren sie,
und kein Mensch ist würdig, deinen Namen zu nennen.

Gelobt seist du, Herr,
mit allen deinen Geschöpfen,
besonders mit der Frau Schwester Sonne,
welche der Tag ist,
und durch die du uns leuchtest.
Und sie ist schön und strahlend mit großem Glanze;
von dir, Höchster, trägt sie den Sinn.

Gelobt seist du, Herr,
für Bruder Mond und die Sterne.
Du hast sie im Himmel gebildet,
hell, köstlich und schön.

Gelobt seist du, Herr,
für Bruder Wind und für Luft und Wolke
und Himmelsblau und jedwedes Wetter,
Wodurch du deine Geschöpfe erhältst.

Gelobt seist du, Herr,
für Schwester Wasser,
gar nützlich ist es und
demütig und köstlich und rein.

Gelobt seist du, Herr,
für Bruder Feuer, durch das du
die Nacht erleuchtest,
schön ist es und fröhlich
und rüstig und stark.

Gelobt seist du, Herr,
für unsere Schwester, die Mutter Erde,
die uns erhält und uns leitet
und mancherlei Früchte hervorbringt.

Gelobt seist du, Herr,
für alle, welche verzeihen aus Liebe zu dir,
und Krankheit ertragen und Not;
selig, die ausharren in Frieden,
denn sie werden, Höchster,
durch dich die Krone empfangen.

Gelobt seist du, Herr,
für unsere Schwester, das leibliche Sterben,
dem kein lebender Mensch entrinnen kann.
Wehe jenen, die sterben in schweren Sünden.
Selig, die deinem heiligsten Willen sich fügen,
denn der zweite Tod wird ihnen kein Leid antun.

Lobet und preiset den Herrn und sagt ihm Dank
und dient ihm in großer Demut.

Der Sonnengesang ist nun bald achthundert Jahre alt und
hat nichts von seiner Ausdruckskraft verloren. Im Gegenteil: Er kommt unserer Sehnsucht nach Verbundenheit mit
Natur und Schöpfung entgegen, ein schlichter, aber sehr
tiefer Ausdruck der Geschwisterlichkeit mit den Gestir-
nen, Elementen und Mitgeschöpfen. Heute wird er in allen Ländern der Erde und besonders von jungen Menschen
gern gebetet und gesungen.

Aus unserem Jahrhundert stammt ein Lobpreis, der

mit dem Sonnengesang des heiligen Franz verwandt ist. Das Faszinierende an ihm ist, dass er unser heutiges Weltbild und die Erkenntnisse der modernen Naturwissenschaft aufnimmt. Ernesto Cardenal, nicaraguanischer Priester und Lyriker, früherer Kultusminister und Träger des Friedenspreises des Deutschen Buchhandels, fordert mitreißend und ausdrucksstark auf zum Loben Gottes des Schöpfers und Herrn über den Kosmos:

Lobet den Herrn des Kosmos,
das Weltall ist sein Heiligtum
mit einem Radius von hunderttausend
Millionen Lichtjahren.

Lobt ihn,
den Herrn der Sterne
und der interstellaren Räume.

Lobt ihn,
den Herrn der Milchstraßen
und der Räume zwischen den Milchstraßen.

Lobt ihn,
den Herrn der Atome
und der Vakuen zwischen den Atomen.

Lobt ihn
mit Geigen, mit Flöten
und Saxophon.

Lobt ihn
mit Klarinetten und Englisch Horn,
mit Waldhörnern und Posaunen,
mit Flügelhörnern und Trompeten.

Lobt ihn
mit Bratschen und Violoncelli,
mit Klavieren und Pianolen.

Lobt ihn
mit Blues und Jazz
und Sinfonieorchestern,
mit den Spirituals der Neger
und der Fünften von Beethoven,
mit Gitarren und Xylophonen.

Lobt ihn
mit Plattenspielern und Tonbändern.

Alles, was atmet,
lobe den Herrn,
jede lebendige Zelle.

Halleluja!

Auffällig, welche Fülle von Instrumenten Ernesto Cardenal zum Loben auffordert. Milchstraßen, Atome, Geigen und Plattenspieler stehen gleichberechtigt nebeneinander und bilden das kosmisch-irdische Ensemble der Lobenden. Den Menschen erwähnt er nur indirekt, fügt ihn ein in »alles, was atmet«. Diese Sachlichkeit wirkt gar nicht kalt, sondern begeisternd, sprengt alles Enge und jede Introvertiertheit. Fast kann man sagen: Ob der Musiker will oder nicht, seine Musik lässt ihn einstimmen in die Musik des Kosmos und lässt sie als Lob des Schöpfers erklingen.

Ich denke auch an die vielen Loblieder der Juden, die selbst in den Konzentrationslagern nicht verstummten, an die orthodoxen Christen in aller Welt, die sich im Loben hingeben und den Himmel auf Erden erleben, wenn sie sich selbst und die materiellen Dinge des täglichen Lebens »darbringen«.

Dabei wird das Lob des Schöpfers nicht nur in den Hochzeiten als Freudenlied, sondern auch an den Tiefpunkten als Lob aus der Tiefe gesungen. Loben eröffnet immer neue Horizonte, es öffnet das Herz und weitet die Seele.

Loben öffnet das Herz und weitet die Seele.

Unser ganzes Leben ist zweckbestimmt. Wir arbeiten, essen und trinken, wir lernen und erholen uns – und alles dient einem Zweck, unterliegt Erfolgskontrollen, wird berechnet und bewertet. Loben erfüllt keinen Zweck, es

Sage als erstes ein positives Wort.

tanzt sozusagen aus der Reihe, ist nicht verrechenbar. Wer lobt, spürt, dass er zu Höherem berufen ist und dass sein Leben nicht mit den Kriterien wie Ursache und Wirkung, Leistung und Erfolg erfasst werden kann. Wer lobt, lebt besser und erfüllter.

Jeder Mensch sehnt sich nach Lob und Anerkennung. Wie wir zu wenig danken, so sind wir auch geizig mit dem Lob für andere. Ich ärgere mich jedes Mal, wenn in Gesprächen als erstes kritische Bemerkungen gemacht werden. Das zeigt nur, wie Menschen in sich selbst gefangen sind. Will ich andere befragen und kritisieren, sollte das erste Wort ein positives sein. So baue ich eine Brücke. Wenn wir einen anderen loben, wird unsere Kritik sachlich und nie verletzend sein, dann werden Anfragen zugleich aufrichtig, dann bauen wir auf. Indem wir andere niedermachen, machen wir uns selbst kleiner.

Die Seele von Kindern wird verdorben, wenn Eltern und Lehrer mit Lob sparen oder es ganz unterdrücken. Loben muss man trainieren. Vor ein paar Jahren sah ich häufig den Autoaufkleber mit der mahnenden Frage: »Hast du dein Kind heute schon gelobt?« Das Kind steht hier nur stellvertretend für alle Menschen. Der Hunger nach Lob wird immer größer. Unser Loben muss jedoch aufrichtig sein. Falsches Lob hilft dem anderen nicht weiter und vergiftet die Beziehungen. Aufrichtiges Lob kommt aus dem

Sei nicht geizig mit Lob.

Herzen, falsches Lob aus dem Mund! Das eine ist selbstlos, das andere selbstsüchtig. Schmeichelei ist wie Falschgeld. Liebevolles Loben darf nie pauschal sein. Es erwächst aus dem Bestreben, das Gute in jedem Menschen zu entdecken und zu stärken. Es muss sich immer auf bestimmte Eigenschaften, Ereignisse und Leistungen bezie-

Liebevolles Lob richtet auf.

hen. Dann bewirkt es Strahlen auf beiden Seiten, Einklang und ein tiefes Einverständnis. Der Gelobte fühlt sich erhoben und motiviert.

Geteilte Freude ist doppelte Freude.

2. Mit Herz, Mund und Händen danken

Nie werde ich den dritten Oktober 1990 vergessen. In Deutschland wurde überall die Vereinigung beider deutscher Staaten gefeiert. Im Hamburger Michel hatten sich viele Hamburger zu nächtlicher Stunde zu einem Dankgottesdienst versammelt. Um null Uhr läuteten die Glocken, wir sangen den Choral »Nun danket alle Gott mit Herzen, Mund und Händen«. Spontan erhoben sich alle von ihren Plätzen und sangen tief bewegt dieses bekannteste Lied der Protestanten. Es versammelt in sich die tiefsten Dankgefühle, das Loben, das aus den Tiefen der Seele aufsteigt, und das Vertrauen, in dem alle Menschen geborgen sind. Es ist mitten in den Wirren und Grausamkeiten des Dreißigjährigen Krieges gedichtet worden und hat sich in vielen Notsituationen bewährt. Martin Rinckart hat es ursprünglich als Tischgebet verfasst, bevor es 1648 zum großen Dankchoral für den Friedensschluss wurde. Dieses

»Dankbarkeit ist das Gedächtnis des Herzens.«
R. Guardini

Lied ist Ausdruck ganzheitlichen, ehrlichen und überzeugenden Lobens. Das Loben steigt auf aus vollem Herzen (»mit Herz«), es geschieht nicht nur mit dem Mund, sondern auch mit dem Körper (»mit Händen«). Der Mensch lobt Gott mit seinem ganzen Wesen.

Nun danket alle Gott
mit Herzen, Mund und Händen,
der große Dinge tut
an uns und allen Enden,
der uns von Mutterleib
und Kindesbeinen an
unzählig viel zugut
bis hierher hat getan.

Der ewigreiche Gott
woll uns bei unserm Leben
ein immer fröhlich Herz
und edlen Frieden geben
und uns in seiner Gnad
erhalten fort und fort
und uns aus aller Not
erlösen hier und dort.

Lob, Ehr und Preis sei Gott
dem Vater und dem Sohne
und Gott dem Heilgen Geist
im höchsten Himmelsthrone,
ihm, dem dreiein'gen Gott,

wie es im Anfang war
und ist und bleiben wird
so jetzt und immerdar.

Im ganzheitlichen Lob- und Dankgesang kommen Menschen einander näher. Sie wachsen durch das gemeinsame Singen zu einer Dank- und Lobgemeinschaft zusammen. Das gemeinsame Singen fördert die Zuwendung zum Nachbarn neben mir, lässt mit dem Körper glauben, mit dem Leib beten, mit Herzen, Mund und Händen singen. Das Wort der Sprache wird Klang und Ton, es findet Wohnung in unseren Herzen und im Miteinander. Dieses Wort des Dankens und des Lobens atmet, es hat Kontakt mit

Gemeinsam gesungenes Lob verbindet.

der Erde, auf der wir stehen, es bewegt den Mund und die Hände. Es widerstrebt der Entkörperlichung und überwindet alle Leibfeindlichkeit. So wird das gesungene Lobeswort Herzschlag unseres Herzens, Atem unserer Lungen, wird zum sehenden Auge, hörenden Ohr und zur Bewegung unseres Körpers. Da machen wir nicht nur Musik, wir lassen uns durch Musik erfüllen und bewegen, hineinnehmen in ein aufsteigendes Lob, wie es Generationen vor uns und Menschen anderer Kulturen erlebt haben und gestalten. »Nun danket alle Gott« hat seinen Siegeszug angetreten durch viele Länder. Im neuen evangelischen Gesangbuch ist es auch in englischer und französischer Sprache abgedruckt.

Es gibt nichts Verbindenderes als das gemeinsame Loben in einer Gemeinschaft. Nicht umsonst wird überall auf der Welt bei festlichen Anlässen gesungen. Je begeisterter das gemeinsame Loben gestaltet wird, desto stärker entfalten sich positive Wirkungen. Da öffnen sich Verschlossene, werden Einsame einbezogen, werden Sprachlose zum Weinen und Weinende zur Freude angestiftet. Da entstehen Wärme, Zuneigung und Freundlichkeit. »Wo man singt, da

lass dich ruhig nieder, böse Menschen kennen keine Lieder«, sagt der Volksmund.

Der weise Tagore hat gesagt: »Gott achtet uns, wenn wir arbeiten, er liebt uns, wenn wir singen.« Damit haben Menschen aller Zeiten viele schöne und tiefe Erfahrungen gemacht. Eindrucksvoll war für mich das Kanonsingen im Hamburger Michel. Vor zehn Jahren habe ich damit begonnen. Der erste Kanon nahm den Text auf, der ganz

Sing dich frei.

oben an der großen Orgel steht: »Soli Deo Gloria« (»Gott allein die Ehre«). Die Melodie habe ich bewusst einfach, elementar und eingängig geschrieben, damit die mehr als zweitausend Menschen sie sofort erfassen und auswendig mitsingen konnten.

Der Rhythmus ist antriebsfördernd und motivierend gestaltet durch die Punktierung und Wiederholung. Er entspricht dem Sprachrhythmus des Wortes Gloria. Er taucht dreimal auf und wird in der Mitte nur unterbrochen durch

Stimm dich ein auf andere.

den Text »Soli Deo«. Das Kanonsingen wirkt mitreißend, begeisternd und schwungvoll. Die vielen Menschen wachsen im gemeinsamen Singen zu einer Gemeinde zusammen: Sie singen wie aus einem Munde. Alle spüren die Einheit und Einmütigkeit in der Mehrstimmigkeit des Kanons, der von seinem Prinzip her beides miteinander verbindet: Einheit der Melodie und Vielfalt des Klanges, der sich durch die großartige Architektur des barocken Kirchenraumes von den verschiedenen Seiten und Emporen her mehrdimensional entfaltet. Ein einzigartiges Klangerlebnis, das immer wieder aufs Neue beeindruckt und überwältigt!

Wir singen viel zu wenig ohne Begleitung durch Orgel, Klavier und andere Instrumente. Wir sollten uns viel mehr auf unsere Stimme verlassen. Dann hören wir den Nachbarn zur Rechten oder die Nachbarin zur Linken besser, nehmen die Schwingungen in unserer Umgebung wahr, fühlen uns mehr in andere ein und intensivieren die Kontakte.

Kanonsingen öffnet die Ohren, Gesichter und Herzen, verbessert die Wahrnehmungs- und Erlebnisbereitschaft. Oft habe ich erlebt, dass zunächst verschlossene und abweisende Mienen sich zunehmend erhellten und freundlicher wurden. Kanons, Dank- und Loblieder nehmen vorweg und machen zum gemeinsamen Ereignis, was wir ersehnen und erhoffen: Freude am Leben, Lösung von Starrheit, die Wandlung von Angst zur Weite, von der Unbeweglichkeit zur freien Bewegung. Und wir spüren: Wir sind ganz im Singen und ganz bei den anderen. Singend sind wir. Und das Leben ist groß und schön.

3. Loben und Danken schafft ein freudiges Gemüt

Johann Sebastian Bach hat einmal geschrieben, dass alle Musik zur »Recreation des Gemüths« diene. In ihr können wir Leib und Seele baden, reinigen, Ungeordnetes klären. Getrenntes und Feindliches wird zusammengeführt und heilsam geordnet. Wer singend und hörend dankt und lobt, dessen Seele wird ins Gleichgewicht, in Harmonie und Frieden geführt. Wir erfahren Leben als Geschenk und entdecken in diesem kostbaren Geschenk die vielen Gründe und Anlässe zur Freude.

Für Bach wie für Mozart und Haydn gilt aber auch das andere: Musik geschieht zur Ehre Gottes. Bach schrieb als Kürzel unter seine Partituren »S.D.Gl.«, die Abkürzung für »Soli Deo Gloria«. Die Musik dieser drei großen Komponisten ist nicht nur Ausdruck und Spiegel der Schöpfung, sondern auch Lobpreis Gottes. Ich denke an Mozarts Kantate für Sopran und Orchester »Exsultate, jubilate«. Ich kenne viele Menschen, Gesunde und Kranke, die aus dem Hören solcher Musik und auch aus dem eigenen Musizie-

Loben und Danken schafft ein freudiges Gemüt.

ren strahlend-schöner Musik heilende Kräfte empfangen. Jedes Jahr zur Weihnachtszeit erlebe ich, dass Tausende in die Kirchen strömen, um das Weihnachtsoratorium von J. S. Bach zu hören. Wenn der Eingangschor mit den schmetternden Trompeten und den Pauken auf den Text »Jauchzet, frohlocket...« erklingt, dann gehen sie mit,

Lass dich durch Musik erheben und mitreißen.

dann geht das Gehörte »unter die Haut«. Wenn das berühmte »Halleluja« aus dem »Messias« von Händel ertönt, dann reißt es die Menschen von den Stühlen, nicht nur von jeher in England, sondern inzwischen auch bei uns. Da setzt sich das fort, was Händel als Komponist dieses Werkes selbst erlebte in belasteten Tagen und fast aussichtsloser Verzweiflung: Er stand auf zum Leben mit tiefer Dankbarkeit und neuem Lebensmut. Zu solchen Leben spendenden und Freude stiftenden Werken gehören die Messen von Mozart und Haydn und das Te Deum von Anton Bruckner. Bruckner war ein durch und durch dankbarer Mensch. In seinen Briefen finden sich bewegende Zeugnisse seiner Dankbarkeit. Inmitten maßloser Attacken seiner Gegner schrieb er sein »Te Deum« und tat es allein »aus Dankbarkeit gegen Gott«. An ihm bewahrheitete sich der Satz: »Dem Dankbaren sind die Tränen schon abgewischt.« Nicht von ungefähr wählte Bruckner in seinen

Dem Dankbaren sind die Tränen schon abgewischt.

fünf Psalmvertonungen Texte aus, die besonders dem Lob und Dank gewidmet sind. Wer seine Werke hört, wird angesteckt vom Danken und angestiftet zum Loben. Die Gefühle, die uns tief bewegen, werden wie von selbst zu Taten, die wir anderen zugute kommen lassen. Ein guter

Im Loben wird dein Dasein zum »Danksein«.

Baum, der tief verwurzelt ist im nährenden Erdreich, bringt gute Früchte. Wer andere loben will, muss das Lob zunächst selbst ganz verinnerlicht haben. Und noch unter dem Lob liegt der lebendigmachende Dank. Der wächst und weitet sich, bis aus unserem Dasein ein »Danksein«, aus Leben ein lebendiger Dank wird.

4. Danken und Denken gehören zusammen

»Wie ein Mensch in seinem Herzen denkt, so ist er.« Diese alte Weisheit aus den Sprüchen Salomos verdichtet die Erfahrungen ungezählter Menschen.

Ich denke an die Erfahrungen, die wir an Wendepunkten, in Schwellensituationen und beim Aufbrechen zu neuen Ufern machen. Wir stehen dann zwischen Abschied und Neuanfang, schauen zurück in vertrautes und zugleich nach vorn in noch unbekanntes Land. Das macht unsicher und lässt uns Ausschau halten nach Kräften, die uns sichere Schritte tun lassen. Der Jahreswechsel ist eine typische Schwelle, auf der sich unser Leben verdichtet, wo wir stark herausgefordert werden.

Wir können ein neues Jahr in ganz unterschiedlicher Stimmung beginnen. Wenn wir keine oberflächlichen Menschen sind, denen Sekt und Knallerei genügen, dann machen wir uns vielleicht Sorgen. Die Lage in der Welt gibt kaum Anlass zu freudigen Erwartungen. Meine persönlichen Verhältnisse sind vielleicht eher bedrückend. Eduard Mörike zeigt uns mit seinem Neujahrsgedicht, das für mich zu den schönsten Gedichten gehört, einen anderen Weg. Er blickt weg von sich selbst und zum Vater, der den Himmel bewegt und der in jedem neuen Jahr den Menschen begegnen will. Alles wird auf die stillen und inständigen Töne des Jauchzens gestimmt. Wenn ich mein Leben vertrauensvoll in die Hände des Vaters legen kann, dann habe ich die eigenen Hände und das Herz frei von der Sorge um mich selbst.

Zum Neuen Jahr

Wie heimlicher Weise
ein Engelein leise
mit rosigen Füßen
die Erde betritt,
so nahte der Morgen.
Jauchzt ihm, ihr Frommen,
ein heilig Willkommen!
Ein heilig Willkommen,
Herz, jauchze du mit!

In ihm sei's begonnen,
der Monde und Sonnen
an blauen Gezelten
des Himmels bewegt.
Du, Vater, du rate!

Lenke du und wende!
Herr, dir in die Hände
sei Anfang und Ende,
sei alles gelegt!

Wenn ich dieses Vertrauen verinnerliche, sehe ich die Welt
und mich anders und neu. Für alles ist gesorgt und ich
möchte mit für alles sorgen. Wenn wir Vertrauen haben,
können wir mit Mut und Kraft den Schwierigkeiten und
Herausforderungen unseres Lebens begegnen. Vertrauen
und Loben machen uns stärker.

Wer nicht positiv denkt und dankbar ist, der wird nur
Grund zum Klagen finden. Sieht einer schwarz, dann

Vertrauen und Loben geben dir Kraft und Mut
an den Schwellen des Lebens.

denkt er klein von sich und schlecht von den anderen.
Starrt eine gebannt auf alles Negative, auf die düstere Realität, die voll ist von Gemeinheiten, Brutalität und Men-
schenverachtung, so wird sie weder an sich selbst noch an
der Welt ein gutes Haar lassen. Sie wird dann die Schönheiten der Natur nicht sehen, weil sie auf die Zerstörung
starrt. Sie kann die Liebe angesichts der vielen Lieblosigkei-
ten nicht mehr wahrnehmen.

Eine angehende Pastorin hielt eine Andacht über das
Wasser als Quelle des Lebens. Dazu stellte sie ein Glasge-
fäß mit dem Wasser der Hamburger Alster auf den Altar

Denke positiv und du findest weniger Gründe zum Klagen.

und erging sich in Klagen und Anklagen über das bräun-
lich gefärbte Wasser. Anschließend musste ich ihr sagen,
dass sie nach dem Motto geredet hatte »Siehe, ich verkün-
dige euch lauter Probleme!« Sie hatte die Freudenbotschaft
des Engels in der Weihnachtsgeschichte ins Gegenteil ver-
kehrt. Sie hatte übersehen, dass das Wasser der Alster nach

vielen Anstrengungen wieder eine hervorragende Qualität hat. Die Braunfärbung rührt schlicht von dem moorig-sandigen Untergrund her, der bei Regen aufgewühlt wird.

Wer negativ denkt, nur kritisiert, wird depressiv. Wer positiv denkt, sieht zuerst das Gute, Schöne und Große und ordnet dann die schlechten Erfahrungen in diese Sicht ein. Natürlich ist die Welt nicht heil, die Natur nicht frei vom Kampf ums Überleben, der Mensch nicht immer gut. Es ist wie mit dem Kind, dem immer nur vorgehalten wird: »Du kannst das nicht, du bist noch zu klein.« Irgend-

Denke gut von anderen und du machst sie und dich größer.

wann glaubt es das wirklich. Seine Fähigkeiten verkümmern, seine Freude am Leben wird unterdrückt, es wird kleiner als es ist. Dagegen kann ein Mensch, von dem ich zu gut gedacht habe, vielleicht über sich hinauswachsen und zu dem werden, was ich vorwegnehmend in ihm gesehen habe. Wer die Welt nicht unter positiven Vorzeichen sieht, findet keine Gründe mehr zum Danken. Er verkriecht sich immer mehr in das Schneckenhaus seines Ich, interessiert sich nicht für andere. Dadurch bekommt er immer mehr Schwierigkeiten und fügt anderen Schaden zu, ohne es zu wollen. Die Kräfte zur Selbsthilfe sterben ab. Psychologen haben festgestellt, dass heutige Menschen etwa fünfundneunzig Prozent ihrer Zeit damit zubringen, an sich selbst zu denken. Sie sind Gefangene ihrer selbst, kreisen nur um sich und finden daraus keinen Ausweg. Wer positiv denkt, morgens als erstes einen schönen Gedanken fasst, anderen als erstes ein gutes Wort sagt, sich wohlfühlen will, sich schön anzieht, spürt die Kraft eines lebendig machenden Geistes und die Frische neuen Le-

Denke morgens als erstes einen schönen Gedanken.

bensmutes in sich. Er begrüßt dankbar den neuen Tag und nimmt sich vor, als letztes Wort vor dem Einschlafen

»Danke« zu sagen. Dann wird er erleben, dass er am Tage auch die vielen kleinen Anlässe zur Freude, die guten Worte in den belanglosen, das Erfreuliche in all dem Belastenden entdeckt. Er wird sensibler im Denken, nachdenklicher und fähiger, aus sich herauszugehen und sich in andere hineinzuversetzen.

»Dankbares Gedenken« – diese Wortzusammenstellung mag ich besonders gern. Es tut so gut, andere mit einem guten Wort, einem ehrlichen Kompliment, einem Gruß oder Blumenstrauß zu überraschen. Das stärkt die Beziehungen und wirkt Wunder. Da wird beiden bewusst, dass sie wertvoll und wichtig sind. Ich habe in meinem Leben

Überrasche andere mit einem guten Wort.

das Danken wie das dankbare Gedenken an andere von Menschen gelernt, die trotz langer und schwerer Krankheit sich die Dankbarkeit nie haben austreiben lassen. Die fünfundsechzigjährige Frau, seit zwanzig Jahren an Multipler Sklerose leidend, konnte sich an einem Blumenstrauß unbändig freuen. Ihr Herz wurde erfüllt von staunendem Erwarten, wenn der Frühling nahte. Und wenn

Wer dankt, fühlt tiefer.

sie Bilder von hungernden Kindern sah, sagte sie ganz einfach: »Wie geht es mir doch gut!« Wie ein Mensch in seinem Herzen denkt, so ist er, und so ist seine Welt.

5. Unterwegs zum Danken in den Tiefen des Lebens

Vielen Menschen fällt es schwer, dankbar zu sein wie die MS-kranke Frau. Die meisten denken beim Danken an Gutes, Schönes, alles, was sie beglückt und bereichert. Die größere und schwerere Kunst besteht darin, auch das Schwere, Schmerzen, Sorgen und Trauer in den Dank einzuschließen. Das müssen wir lebenslang lernen, bleiben darin Stammelnde, Zweifelnde, immer Suchende. Wir wehren uns gegen die Krankheit, die der Arzt plötzlich bei uns entdeckt. Wir hadern mit dem Schicksal oder mit Gott, wenn uns Leid zugefügt wird, uns Unrecht geschieht, unsere Wünsche nicht in Erfüllung gehen. Wir revoltieren, wenn uns ein lieber Mensch genommen wird, wollen verstehen und können nicht. Dank? Der bleibt uns

Lass deinen Tränen freien Lauf – das tut dir gut.

in der Kehle stecken, wenn das Herz zugeschnürt ist. Dann ist die Zeit zum Klagen da. Dann tut es gut, zu weinen und den Tränen freien Lauf zu lassen. Es scheint unmenschlich, in solchen Zeiten von Dank zu reden.

Dennoch beginnt schon mit der Klage die Arbeit der Seele, das Erlittene und Schwere anzunehmen. Ich besuchte eine ältere Frau im Krankenhaus. Seit fünf Tagen wusste sie, dass sie Krebs hatte, unheilbar. Sie war völlig durcheinander, der Boden unter ihren Füßen war ihr weggerissen. Sie erzählte immer wieder von einem Gespräch mit einer Freundin, die ihren Mann und eine ihrer beiden Töchter verloren hatte. Die habe zu ihr gesagt: »Du musst nicht immer fragen, warum, warum. Warum das, warum mir das? Frage lieber: wozu?« Sie verstand dieses »wozu« nicht, war noch nicht so weit, sich bewusst auf die noch verbleibende Zeit auszurichten, jeden Tag intensiv zu leben und zu gestalten, Unwichtiges nicht mehr zu tun,

Danken und Klagen schließen einander nicht aus.

sich mit dem Sohn zu versöhnen. Behutsam lenkte ich ihre verwirrten Gedanken in eine solche Richtung. Nach und nach, ganz langsam verstand sie, was das meint: »Frag nicht: warum? Frag lieber: wozu?«

117

Wenn der Dank in die Tiefen des Lebens reichen und aus der Tiefe des Herzens wiederaufsteigen soll, dann muss ich selbst zum Danken finden. Andere können mir einen Weg zeigen. Gehen muss ich ihn selbst. Er führt immer durch Dornen und einsames, wegeloses Gelände. Um mich nicht zu verlieren und noch weiter zu verletzen, brauche ich ein Ziel, zu dem ich mich durchkämpfe. Für mich ist das bekannte Gebet von Eduard Mörike solch ein Ziel:

Herr! Schicke, was du willt,
ein Liebes oder Leides;
ich bin vergnügt, dass beides
aus deinen Händen quillt.

Wollest mit Freuden
und wollest mit Leiden
mich nicht überschütten!
Doch in der Mitten
liegt holdes Bescheiden.

Aus ihm spricht der Wunsch und die eigene Willenskraft, Freude und Leid zusammenzuhalten, die wie zwei feindliche Mächte erscheinen. Zum Leben gehören sie beide hinzu. Leid meiden, fliehen hilft niemandem. Ich kann es nur annehmen, wenn ich mein Leben als Geschenk verste-

Dankbarkeit überwindet den Graben zwischen Freude und Leid.

he und weiß, dass mir Glück nicht selbstverständlich und rechtmäßig zusteht. Darum wissen und beten Christen so, wie Jörg Zink es formuliert hat:

Alles, ewiger Gott, kommt von dir:
Schutz und Gefahr, Licht und Finsternis.
Ich danke dir, dass ich das weiß.
Nichts geschieht von selbst.

Alles, was geschieht, ist ein Geschenk für mich.
Alle Wahrheit, die ich verstehe, ist ein Geschenk,
alle Liebe, die ich gebe oder empfange,
alle Lebenskraft, die mich erfüllt.

Alles, was mir schwer aufliegt, ist dein Wille,
für den ich dir danke.
Wer sollte es mir auflegen, wenn nicht du?

In Stunden und Zeiten, in denen ich solchen Dank nicht in die Tiefen des eigenen Lebens bringen kann, denke ich an Menschen, die mit ihrer Haltung oder mit ihren Worten so gelebt haben. Ich will nie vergessen, dass der bekannteste Dichter von Chorälen neben Luther, Paul Gerhardt, in den Wirren und Ängsten des Dreißigjährigen Krieges, als sich die Sonne über Europa verfinsterte, das Sommerlied verfasste »Geh aus, mein Herz, und suche Freud in dieser lieben Sommerzeit an deines Gottes Gaben...« Auch nicht, dass er dichtete, als alle Wege verbaut und zu Ende waren, er selbst Frau und fünf Kinder verloren hatte: »Befiehl du deine Wege und was dein Herze kränkt der allertreusten Pflege des, der den Himmel lenkt...« In solchen Texten und Liedern entfaltet sich ein Dennoch und ein Trotzdem, das nicht trotzig und laut daherkommt. Ich lese daraus unendliches Vertrauen, unermessliche Geborgenheit und ein unergründliches Einver-

Danke aus der Tiefe des Herzens auch in den Tiefen deines Lebens.

ständnis mit dem Leben in all seinen Höhen und all seinen Tiefen. Zu solchem Ziel möchte ich unterwegs bleiben, zum Danken aus der Tiefe des Herzens, auch in den Tiefen meines Lebens.

6. Anerkennen vermehrt die Zahl der Freunde

Jeder Mensch sehnt sich danach, anerkannt zu werden. Freunde zu haben ist ein großes, aber auch seltenes Glück. Matthias Claudius sagt: »Es gibt einige Freundschaften, die im Himmel beschlossen und auf Erden vollzogen werden.« Freundschaft ist ein schönes und schwieriges, riskantes und zartes Geschenk. Wir müssen ihm gewachsen sein. Eltern und Geschwister hat man, Freunde sucht man sich

Zeige anderen, dass du sie gern hast.

aus. Das ist die Chance, aber es ist auch immer ein Risiko. Die Freundschaft lebt von Offenheit und Vertrauen. Dazu können wir viel tun. Ich habe in meinem Leben erfahren, dass es für den Umgang mit Menschen ein Mittel gibt, das nichts kostet, aber garantiert wirkt: Zeige du ihnen, dass du sie gern hast, und sie nehmen dir alles ab. Spüren sie, dass du ihnen ehrlich zugewandt bist, dich für sie wirklich interessierst, dass dir nichts Menschliches fremd ist, nehmen sie dir Lob, aber auch Kritik ab. Freust du dich mit, wenn sie sich freuen, schweigst du mit, wenn sie verstummen, bleibst du bei ihnen, wenn sie nicht weiterwissen – dann werden die Bindungen tiefer und die heilenden Kräfte stärker.

Ein Rabbi fragte seine Schüler: »Wann ist der Übergang von der Nacht zum Tag?« Die Schüler gaben verschiedene Antworten, die den Rabbi nicht zufrieden stellten. Schließlich sagte er: »Wenn du das Gesicht eines Menschen siehst und du entdeckst darin das Gesicht deines Bruders oder deiner Schwester, dann ist die Nacht zu Ende, und der Tag ist angebrochen.« Jeder Mensch sehnt sich nach

Nimm den anderen so, wie er ist.

dem Anbruch des Tages, danach, so angesehen zu werden. Jeder möchte anerkannt werden, wichtig und bedeutend sein. Das ist nicht als Streben nach Macht und Einfluss zu verstehen. Viel schlichter:

Niemand möchte übersehen werden. Er will nur so betrachtet und genommen werden, wie er ist.

Neid und Missgunst sind Gift für unser Zusammenleben. Vielen fällt es schwer, sich mitzufreuen, wenn andere begeistert sind und ihnen etwas gelingt. Da steigen Verdächtigungen auf, da wachsen Ängste vor dem Konkur-

Nur wer sich für andere interessiert, ist interessant.

renten, da blockiert Rivalität ein offenes und ehrliches Miteinander, wird hinter dem Rücken geredet. Ein alter Freund sagte mir einmal: »Es ist unwürdig, in Abwesenheit eines anderen schlecht über ihn zu reden.« Wir sollten uns dafür zu schade sein und lieber »alles zum Besten kehren«. Das baut auf und verbindet. Wer sich ehrlich und anteilnehmend für andere interessiert, wird selbst interessant. Die goldene Regel aus der Bergpredigt Jesu gilt auch hier: »Alles nun, was ihr wollt, dass euch die Menschen tun, das sollt ihr ebenso auch ihnen tun.«

7. Musik macht Mut

Wir sind, was wir denken. Wir werden, was wir wollen. Aber Gedanken und Wille lassen sich nicht so einfach steuern. Unsere Gefühle und unser Unterbewusstsein lenken mit, sie lenken auch gegen überlegte Gedanken und ehrliches Wollen.

Musik spricht unser Gefühl und unser Unterbewusstsein direkt an. Sie hilft, unsere Wahrnehmung, unser Sinnen und Trachten positiv zu beeinflussen. Sie regt uns an, aus Trägheit aufzustehen, Antriebslosigkeit zu überwinden, sie bringt uns in Schwung und auf neue Ideen. Sie stellt das seelische Gleichgewicht her und schafft eine Balance zwischen Hochs und Tiefs. In ihr werden die schönen Gefühle und Hochzeiten verdichtet und die traurigen Gefühle und schweren Zeiten verarbeitet. Musik entfaltet ihre Kräfte immer, wenn wir uns an besondere Ereignisse

Musik schafft eine Balance zwischen schönen und schmerzlichen Gefühlen.

in unserem Leben erinnern, die durch Musik schön und unvergesslich wurden. Wir sollten uns nicht scheuen, diese vertraute Melodie vor uns hinzupfeifen, zu trällern, zu singen oder zu summen. Man sagt nicht umsonst: »Mit Musik geht alles besser.« Dabei denke ich nicht an Berieselung und Geräuschkulisse, sondern an bewusstes Hören und eigenes Musizieren. Früher war es viel stärker verbreitet, bei eintönigen Arbeiten das Lieblingslied oder einen Choral zu singen. Das wirkt nicht nur auf unsere Seele und auf unseren Körper, sondern auch direkt auf das Gehirn. Dieses wird mit Hilfe bestimmter Klänge neu gestimmt, die Intuition erwacht, das Denken erhält neue Impulse, und die geistige Leistungsfähigkeit wird gesteigert. Der bekannte französische Forscher Alfred Tomatis

Sing dich frei.

hat eine Klangtherapie entwickelt und damit erreicht, dass das Schlafbedürfnis reduziert und ein Dauerzustand des inneren Friedens und der Entspannung hergestellt wird.

Neben dem Summen von Melodien sind es kurze, einprägsame Lieder und Kanons, die unsere Einstellung, unser Denken und Fühlen positiv verändern. Dem Unterbewusstsein wird die gewünschte Vorstellung suggeriert, indem wir die Melodien zu einem kurzen Satz verdichten und dann gleichsam wie ein Schlaflied ständig wiederholen. Auf diesem Zusammenhang beruht die Wirkung der Wiegenlieder, die in allen Kulturen verbreitet sind. Wir können auch auf bekannte Melodien eigene und für uns wichtige Texte singen. Sie üben dann eine starke selbstbeeinflussende Kraft aus.

Wenn wir Musik erleben, in der Angst dargestellt ist, fühlen wir uns in unseren eigenen Ängsten verstanden und angenommen. Das ist der erste Schritt auf dem Weg zur Überwindung der Angst. Der nächste Schritt besteht darin, tröstende, entspannende und Angst abbauende Musik nachzuvollziehen. Angst kann man sich von der Seele singen oder musizieren. Der Säugling schreit und bringt dadurch seine Trennungsangst nach der Geburt und seine Herauslösung aus der Geborgenheit des Mutterleibes zum Ausdruck. Damit setzt er zugleich seine Atemfunktion in

Sing, spiel, schlag dir deinen Kummer von der Seele.

Gang und erprobt sie. So sollten wir immer wieder praktische Angstbewältigung mit Musik trainieren. Wir sollten uns da ganz hineingeben. Und wir werden die Lust erleben, uns musikalisch auszudrücken. Unsere Seele ist so vielschichtig und komplex wie eine musikalische Partitur. Die Arbeit der Seele ist die schwerste Arbeit im Leben, schwerer als Hand- und Kopfarbeit zusammen. Gerade darum empfehle ich: Sing, spiele, schlag dir deinen Kummer von der Seele. Friss nichts in dich hinein, es wird zum schweren Klumpen in dir. Verleih deinen Enttäuschungen, deinem Ärger und deinen aufgestauten Aggressionen deutlichen und auch lauten Ausdruck. Es ermöglicht dir einen »Stuhlgang« der Seele. Du wirst entlastet, empfindest Lust und fühlst dich befreit. Du hast wieder Mut, das Leben anzupacken.

Ein Mensch entwickelt sich in dem Maße, wie er lernt, sich auszudrücken. Jeder Ausdruck hat zwei Komponenten. Die eine ist der Antrieb und der Wunsch, sich auszudrücken. Die andere ist die Fähigkeit, sich diesen Ausdruck zu verschaffen. Der Wunsch nach Ausdruck ist eine wichtige Energiequelle für das Musizieren. Die Befriedigung unseres Ausdrucksbedürfnisses bereitet uns Lust. Aus dieser Lust erwächst die Motivation zum Singen und zum Spielen eines Instruments. Unsere Stimme ist unser kör-

Musizieren hilft dir, dich auszudrücken.

pereigenes Instrument, Lautsprecher unserer Seele. Musikinstrumente sind Gegenstände außerhalb unseres Körpers. Auch mit ihrer Hilfe möchten wir uns ausdrücken.

Beim Instrumentalspiel tritt zum Wunsch nach Ausdruck das elementare Bedürfnis nach Bewegung. In der Bewegung erleben wir uns selbst, unseren eigenen Körper, das fein abgestimmte Zusammenspiel vieler Muskeln besonders intensiv. Beim Spiel auf einem Blasinstrument empfinden wir den Vorgang des Ein- und Ausatmens als besonders lustvoll. Viele Menschen entlasten sich, indem sie sich ihre Aggressionen auf dem Schlagzeug von der Seele trommeln oder Saiten anreißen oder zupfen.

Im Instrumentalspiel wird ein weiteres Grundbedürfnis des Menschen befriedigt: das Spielen. Im Spiel sind wir ganz wir selbst und ganz ursprünglich, wir sind kreativ, bewegen uns leicht, legen unsere Empfindungen in die Bewegung und das Spiel. Das Spiel ist um so lustvoller, je mehr Energie abgeführt wird, je stärker der Ausdruck und je größer der Anteil der Fantasie in der Freiheit des Gestaltens ist.

Instrumentalspiel ist zugleich ein Geschicklichkeitsspiel. Durch langes Üben lerne ich, körperliche Bewegungen und Handlungsabläufe wie ein Jongleur zu koordinieren. Das empfinde ich als lustvoll. Jedes Gelingen bewirkt ein Glücksgefühl. Das Selbstwertgefühl wird gestärkt.

Beim Instrumentalspiel werden die für unser Leben wichtigsten Sinne miteinander verbunden. Dabei fällt der Hand als dem vollkommenen Tast-Bewegungsorgan eine besondere Rolle zu. Sie ist nicht nur das elementarste und einfachste Musikinstrument, mit dem wir Geräusche und Rhythmen erzeugen. Sie ist zugleich Wahrnehmungs-,

Handlungs- und Ausdrucksorgan. Wer ein Musikinstrument spielt, erlebt, wie elastisch, beweglich, schmiegsam und zärtlich er sich ausdrücken kann. Musizieren wie Singen bieten jedem eine ideale Synthese des Sprech-Hör-Systems mit dem Tast-Bewegungssystem. Das ist mehr als eine Voraussetzung für eine neue Sinnlichkeit mit Musik.

Erlebe in der Musik die Leichtigkeit des Lebens.

Das schafft Erlebnisse, bringt uns selbst in Bewegung, macht die ersehnte Freiheit sinnenfällig gegenwärtig. Wir werden angeregt, die Bewegungsfantasie so zu entwickeln, dass wir das Erhoffte, das noch außerhalb von uns liegende Schöne, die noch vor uns liegende Leichtigkeit des Lebens vorwegnehmen, aber auch in uns wirken lassen.

Wer Fantasie entwickelt, kann sich von einem Ort an den anderen versetzen, ohne die Füße und den Körper dorthin zu bewegen. Geistig und körperlich zugleich versetze ich mich in eine Lage, in der ich mich (noch!) nicht wirklich befinde. So gelange ich aus mir heraus und über mich hinaus. Ich bin dann einer, der Grenzen überschreitet, seine Fesseln löst, sich selbst als Anderen, Neuen, Glücklichen entwirft. Ich gelange so in die ersehnten und bis dahin verschlossenen Gefilde meines Lebens, werfe meine Ziele und Wünsche weit voraus und hole sie zugleich in meine Gegenwart.

Beispielhaft wird durch Musizieren wie Singen die Fähigkeit entwickelt, Visionen vom gelingenden Leben und

Musizierend erlebst du deine Vision vom gelingenden Leben.

Hoffnungen auf ein glückliches Leben schon hier und jetzt vorwegzunehmen. Wir sind dann, was wir sein werden.

Zukunft und Gegenwart sind nicht mehr getrennt durch eine unüberbrückbare Kluft, sie fallen zusammen. Da werden dann Alternativen wirklich und unerfüllte Wünsche Realität. Wichtig ist dabei, dass die Fantasie sich frei entfalten, sozusagen ungehindert spazieren gehen kann. Sie muss stärker sein als alle schematischen Regeln und einengenden Zwänge. Das Spiel muss mit Liebe und Lust vollzogen werden, der Zweck etwa eines meisterlich-professionellen Musizierens dahinter zurücktreten. Natürlich ist der Instrumentalist der erfolgreichste und faszinierendste, bei dem elementare Spielfreude, intensiver Ausdruck und professionelle Beherrschung des Instruments gleichermaßen ausgeprägt sind.

Wer eine neue Sinnlichkeit mit Musik entwickeln will, soll wissen: Alles Spiel ist lustbetont.

Es dient der »Abfuhr« primärer Triebenergien, sowohl der Lust wie der Aggression. Es reinigt und befreit.

Zwischen Spiel und Liebe besteht ein enger Zusammenhang. Die Griechen verehrten Eros als Gott des Spiels und der Liebe.

Das Spiel hilft, Angst abzuwehren, fängt Versagen auf und bewältigt Frustrationen und Lebensenttäuschungen, die mit jeder Entwicklung wie mit dem normalen Alltag verbunden sind.

Arbeiten und frei sein

1. Frei sein in Arbeit und Freizeit

»Arbeit macht frei!« Dieser Satz stand über dem Tor eines Konzentrationslagers. Hinter dem Tor öffnete sich für die Hereingetriebenen die Todeswelt des Straflagers, des Arbeitslagers oder der Gaskammern. Die dort befohlene Arbeit war grausamer als jede Sklavenarbeit zuvor. Dass Arbeit frei macht, klingt seitdem zynisch und menschenverachtend.

Die biblische Aussage, dass Menschen im Schweiße ihres Angesichts und mit Mühsal arbeiten sollen und der Acker Dornen und Disteln trägt, lässt Arbeit und Freiheit als einander ausschließende Gegensätze verstehen. So empfinden das viele Menschen heute. Wir müssen uns klarmachen, dass die Trennung von Arbeit und Muße, von Anspannung und Entspannung, von Arbeitswelt und Freizeitwelt nicht viel älter als hundert Jahre ist. In der bäuerlichen Gesellschaft vor der industriellen Revolution taten Bauer und Bäuerin ihre Arbeit mit Muße und Ruhe. Muße war geradezu eine Vorbedingung dafür, dass eine Arbeit akkurat und erfolgreich getan werden konnte. Immer stärker hat sich die Arbeit gleichsam zum Zwangsinstitut entwickelt. Arbeit wurde immer mehr zerlegt. Menschen an Maschinen wurden selbst zu Maschinen. Das Gefühl, versklavt zu werden und entfremdet zu leben, wurde stärker. Leistung und Lohn beherrschten Köpfe und Herzen, der Wert des Einzelnen wurde an seiner Arbeitskraft gemessen. Muße und Müßiggang waren »aller Laster Anfang«. Mit der Trennung von Arbeitswelt und Freizeitwelt schwanden die Chancen, sich in der Arbeit frei zu entfalten. Rastloses Schaffen, Arbeiten wie ein Pferd, Sterben in den Sielen, ein falscher Pflichtgedanke standen obenan.

Heute steht neu zur Debatte, welchen Sinn es eigentlich hat zu arbeiten. Immer mehr Menschen wehren sich dagegen, dass der Arbeit zu viel Wert beigemessen wird, weil sie Leben nicht mit letztem Sinn und Inhalt füllen kann und darf. »Wir leben nicht, um zu arbeiten, wir arbeiten

Wir leben nicht, um zu arbeiten.

auch nicht, um zu leben! Sondern wir wollen leben, um (auch!) zu arbeiten.« Hier meldet sich ein Wertewandel. Die Sehnsucht wird stärker, frei zu sein in Arbeit und Freizeit, sich selbst in die Arbeit einzubringen und in zuge-

Lerne Arbeit und Freizeit zu verbinden.

messenen Arbeitsbereichen schöpferische Kräfte zu entwickeln. Eine Geschichte von Heinrich Böll zeigt, dass Arbeit nicht versklaven muss.

Ein Tourist sieht in einem Hafen einen ärmlich gekleideten Mann in seinem Fischerboot dösen. Er fragt ihn, warum er nicht ausfahre. »Weil ich heute Morgen schon ausgefahren bin«, antwortet der. »War der Fang gut?« Der Fischer bejaht. Der Tourist begeistert sich und schlägt dem Mann im Boot vor, täglich zwei-, dreimal auszufahren. Dann könne er in einem Jahr einen Motor kaufen, dann einen größeren Kutter, darauf bald ein Kühlhaus und danach eine Fabrik bauen und weiter expandieren. »Und was dann?« fragt der Fischer. »Dann können Sie beruhigt im Hafen sitzen, in der Sonne dösen – und auf das herrliche Meer blicken.« »Aber das tu ich ja jetzt schon«, antwortet der Mann.

Arbeit und Freizeit, Tätigsein und Ruhen, das Muss und die Muße dürfen um des Menschen und der Menschlichkeit willen in Zukunft keine extremen Gegensätze mehr sein. Wir müssen sie als Pole für das eine und eigene Leben aufeinander beziehen. Es muss in der Gestaltung der Arbeit, der Arbeitszeiten und Arbeitsplätze viel getan werden, um den Arbeitenden die Freiräume zu geben, dass sie sagen können: »Hier bin ich Mensch, hier darf ich's sein.« Es muss aber viel geschehen, damit es nicht mehr heißt: »Hast du gut bezahlte Arbeit, dann bist du was«, während ehrenamtliche Arbeit, Hausfrauenarbeit und die Arbeit im

Arbeit ist nicht nur Erwerbsarbeit.

sozialen Bereich als minderwertig abgetan und als unattraktiv angesehen wird. Arbeit nur auf Erwerbsarbeit zu reduzieren schafft gefährliche Trennungen und ein menschenunwürdiges Klassensystem. Arbeitslose wären dann Menschen ohne Wert, Fußkranke unserer Gesellschaft.

Jede Arbeit dient dazu, mich selbst zu verwirklichen. Arbeiten muss mir Sinn geben, aber ich muss auch selbst Sinn in mein Tun und Lassen legen. Es kommt hier auf mich, auf jeden Einzelnen an. Ich bin hier gefragt und kann nicht alles vom Arbeitgeber, vom Chef, vom Staat

Finde den Sinn deiner Arbeit selber.

oder von der Gesellschaft verlangen. Da müsste ich zu lange warten, es wäre vertane Lebenszeit. Ich muss es wollen: bei der Arbeit frei sein, sie selbst mit Lust und Liebe tun wollen. Ich muss mich auch unter Druck und in Zwängen anstrengen, mich nicht auffressen und unterkriegen zu lassen. Ich muss mich mühen, mich mit meinem Tun zu identifizieren und die vorhandenen Spiel- und Freiheitsräume selbst unter einengenden Rahmenbedingungen nutzen. Ich darf dabei nicht zu viel für mich, aber auch nicht zu wenig von mir erwarten. Nicht jeder kann Erfüllung und das höchste Glück von seiner Arbeit erhoffen, aber sie darf auch nicht zum Abreißen lästiger Stunden werden. Das ständige Schielen auf die angeblich große Freiheit, die mit dem Verlassen des Arbeitsplatzes lockt, kann nur Enttäuschungen bringen. Beides enttäuscht, beides überfordert mich, mein Arbeiten wie meine Freizeit. Ich kenne kein tieferes Verständnis von Arbeit als jenes, das von Martin Luther stammt und unsere Gesellschaft Jahrhunderte geprägt hat. Für Luther war der Beruf nicht nur Broterwerb oder Job, aber auch nicht Lebensziel und höchster Sinn des Lebens. Er führt den Beruf auf die Berufung zurück, zu der jeder Einzelne als Handwerker, Lehrer, Hausfrau oder Bauer herausgefordert wird. Was jeder tut, ist Gottesdienst im Alltag der Welt, ein weltlicher Beruf, der zugleich Gottesdienst ist, der sich im Menschendienst vollzieht und bewährt. Was einer tut, das tut er für sich selbst. Aber zugleich tut er es als ein vollwertiges Glied in einer Kette, arbeitet für andere und weiß, dass andere für ihn arbeiten.

Wenn ich meine Arbeit in diesem Beziehungsgeflecht von Pflicht und Selbstverwirklichung sehe, brauche ich mich nicht als Produktionsfaktor und als Objekt der Ausbeutung zu verstehen. Ich sehe mich dann immer bezogen

Du hast überall Möglichkeiten, Sinn zu entdecken.

auf andere. Diese Sicht fällt denen leichter, die schöpferisch und freier tätig sind als Menschen in eintönigen Arbeits- und Produktionsprozessen. Sie ermöglicht es aber auch dem freiwilligen Helfer beim Roten Kreuz, dem Kontrolleur im Kraftwerk und dem Gabelstaplerfahrer in der Lagerhalle, sich und seine Arbeit in ein großes Ganzes einzufügen. Sogar der Arbeitslose, der in Nachbarschaftshilfe den anderen Hausbewohnern hilft, kann sein Handeln so verstehen. Es gibt dann überall Möglichkeiten, Sinn zu entdecken, etwas zu gestalten und sich selbst zu beweisen. Je mehr wir da hineingeben, desto mehr kommt auch für uns und für andere dabei heraus. Dabei ist die innere Einstellung wichtiger als die äußeren Rahmenbedingungen. Wir müssen uns auch hier selbst Ziele setzen, unseren Lebenssinn umsetzen in eigene Schritte. Dass Lust an der

Arbeit und Freude bei der Arbeit entstehen, hängt ganz
entscheidend davon ab, was ich selbst dazu tue. Wir müssen ständig an uns selbst arbeiten, damit Arbeit nicht
monoton ist, der Beruf mehr als nur Geldverdienen, das
Tätigsein etwas anderes als ein schweres Joch. Es ist kein
Gegenargument, dass jeder heute durchschnittlich drei Be-
rufe im Leben ausübt, dass viele Tätigkeiten keine Ausbildung mehr erfordern und dass viele zunächst den falschen
Beruf wählen. Es kommt immer darauf an, was ich selbst
daraus mache. Und wie ich mich mit Energie und Willenskraft dafür einsetze, dass ich meinem Tun meinen eigenen
Sinn abgewinne. Der von mir gewählte Lebenssinn wird
dann meine Arbeit wie meine Freizeit tragen. Er bezieht
sich auf die Gestaltung der Lebenszeit insgesamt. Diesen
Blick auf das Ganze dürfen wir nie aus den Augen verlieren.

Tun wir das, dann werden wir uns dagegen wehren, un-
sere »sinnlose« Arbeit in »sinnloser« Freizeit fortzusetzen.
Positiv gesagt: Wir werden uns selbst bei wenig sinnvoller
Arbeit nicht nur bemühen, diese ordentlich auszuführen,

Ein Sinn von Arbeit ist es, soziale Isolation abzubauen.

sondern wir werden uns auch vornehmen, in unserem Ar-
beitsbereich soziale Isolation abzubauen, ein menschliches
Miteinander zu pflegen, Kollegen liebevoller wahrzunehmen. Dasselbe werden wir auch im Freizeitbereich anstre-
ben. Wir werden uns hüten, nur pflichtgemäß zu handeln,
uns unter einen Verpflichtungsdruck zu stellen, das harte
»Du musst« in die Freizeit zu tragen: Du musst Ausgleichs-
sport betreiben! Du musst die alte Mutter noch besuchen!
Du musst Zeit für die Familie und das Spielen mit den
Kindern erübrigen! Hier gilt es, von innen heraus zu handeln, die Liebe zu anderen als primäre Triebkraft zu nutzen, Lust auf das Du und das Wir zu entdecken. Egoisti-
scher Lustgewinn macht ebenso wenig satt wie Pflichter-
füllung ohne Liebe. Die eigentliche Nahrung für Lust und

Freude wächst aus Beziehungen, die ich gern und freiwillig eingehe und pflege. Ich muss wegkommen von dem einseitigen Denken, dass nur das zählt, was ich mir als Arbeitender selbst verdiene: Geld und mein Selbstgefühl, das ich

Trage zum menschlichen Klima bei in der Arbeit und in der Freizeit.

mir erwerbe und kaufe, sichtbar in Statussymbolen wie Auto, Brillanten, Titel, Besitz. Udo Jürgens sang durch viele Jahre hindurch: »Was wirklich zählt auf dieser Welt, bekommst du nicht für Geld.«

Wir merken oft gar nicht mehr, wie unsere gesamte Lebenszeit zur »Arbeitszeit« verkümmert. Die Arbeit hat uns so in ihrem Würgegriff, dass alles zur Arbeit wird: Einkaufen zur »Konsumarbeit«, Kindererziehung zur »Sozialisationsarbeit«, wichtige Gespräche mit dem Partner oder guten Freunden zur »Beziehungsarbeit«. Vor Jahren schlug ein Kollege vor, in der Kirche nicht mehr von Kinderarbeit,

Übertrage die Zwänge der Arbeit nicht auf deine Freizeit.

Jugendarbeit, Altenarbeit zu sprechen. Er wollte die Totalitätsansprüche und die Vergötzung von Arbeit durchbrechen. Zu Recht! Wenn alles zur Arbeit wird, wird sie zum Tyrannen.

Und die Freiheit, das zwecklose Spiel, die nicht verrechenbare Liebe bleiben auf der Strecke. Es gibt schlimme Beispiele aus der Freizeitwelt. Urlaub wird zum Hochleistungssport, Kilometer werden unter Stress abgerissen, Campingplätze sind ein Spiegelbild des Lebens im Hochhaus, Ruhe wird durch einen programmierten Aktivurlaub gemieden. Nur nicht zu sich selbst kommen, es könnte gefährlich werden!

Ich habe es gut. Für mich gibt es keinen Unterschied zwischen Arbeits- und Freizeitwelt. Mein Beruf ist mein Hobby, meine Berufung, ein Leben, das mich erfüllt. Musik ist eine Welt, in der es keine künstlichen Trennungen gibt. Das

Zusammenleben mit Menschen und das Stiften von Beziehungen durch Musik und durch den Glauben ist nicht auf einen Achtstundentag zu begrenzen. Der Lebenssinn liegt darin, Menschen glücklich zu machen und an ihrem Leben Anteil zu nehmen. Weil ich mich dafür begeistere, versuche ich, dieses Ziel nicht nur im Beruf, sondern auch in meiner Freizeit zu verfolgen. Ich lese im Urlaub Bücher, die mich Neues entdecken lassen, und entspanne mich dabei. Das wird nie zur lästigen Pflicht, weil ich es freiwillig und gern tue. Ich möchte das Entdeckte weitergeben. Das steigert meine Vorfreude und nährt meine Lust, anderen von dem mitzuteilen, was ich für mich gefunden habe. Ich will keine starren Grenzen zwischen Arbeit und Freizeit mehr ziehen. Ich will mein Leben selbst gestalten, Prioritäten selbst setzen, Wichtiges von Unwichtigem unterscheiden. Ich will

Es ist ein Geschenk, Arbeit und Freizeit verbinden zu können.

faulenzen ohne schlechtes Gewissen, träumen und nicht an die Zwecke meiner Träume denken. Ich will in Gesprächen mit anderen am Kamin auch »im Dienst« menschliche Beziehungen schaffen und pflegen, die fachlich wie persönlich gleichermaßen beglücken und bereichern und die für alle Beteiligten einen Gewinn an Lebensfreude und Sinnerfüllung bringen.

Ich habe es gut. Ich habe keine materiellen Sorgen und einen Beruf, der mich ganz erfüllt. Ich kenne viele, die möchten arbeiten und können nicht: Menschen im Vorruhestand und solche, die als Ruheständler gern in ihrem Beruf weiterarbeiten möchten, die vielen Arbeitslosen und die Frauen, die für ihre Kinder und für ihre Familie gesorgt haben und neue Aufgaben suchen.

Aber auch für sie gibt es viele Möglichkeiten, sinnvoll tätig zu sein. Allerdings sollte sich niemand zu schade sein, etwas unter seinem »Niveau« Liegendes anzufangen.

Vielfältig sind die Möglichkeiten, sich ehrenamtlich zu engagieren. Wichtige Aufgaben können Menschen in

Gruppen wahrnehmen, die sich für die eine Welt und die Entwicklungshilfe, für Natur-, Menschen- und Tierschutz

Engagiere dich ehrenamtlich.

einsetzen. Die Zahl derer, die sich in Selbsthilfegruppen und Bürgerinitiativen engagieren, ist größer als die Zahl der Mitglieder in allen Parteien. Wohlfahrtsverbände, Sportvereine, Kirchen bieten ein so weites Betätigungsfeld, dass jeder etwas Sinnvolles tun kann. Jeder muss nur selbst wollen!

Wir lernen lebenslang. In jedem Lebensalter können wir Neues kennen lernen: Sprachen oder ein Musikinstrument

Lerne lebenslang.

lernen, uns künstlerische Techniken aneignen, Volkshochschulen, Akademien, Universitäten besuchen. Das Angebot gerade für ältere Menschen ist in den letzten Jahren sprunghaft gestiegen.

Niemand muss zu Hause die Hände in den Schoß legen, sich die Decke auf den Kopf fallen lassen und verbittern!

2. In Arbeit und Freizeit Lebenszeit gestalten

Die Entfaltung der eigenen Persönlichkeit in Arbeit und Freizeit wird immer chancenreicher. Die Arbeit ist nicht mehr die einzige Möglichkeit, sich selbst zu verwirklichen. Unsere Arbeitsgesellschaft, die lebte, um zu arbeiten, entwickelt sich immer mehr zur Lebensgesellschaft, die arbeitet, um zu leben. Es kommt immer mehr darauf an, dass wir lernen, in der Arbeit und in der Freizeit unsere Lebenszeit sinnvoll zu gestalten. Die anstrengendste Arbeit besteht darin, Freizeit als Eigenzeit (Ich-Zeit) zu gewinnen.

Die Freizeitindustrie boomt. Wir müssen um unserer selbst willen Konsumtrips und Erlebnisstress meiden und gegen die Auswüchse der Wohlstandsgesellschaft angehen.

Werde pausenfähig.

Ein Lebensziel lautet: Werde wieder pausenfähig! Finde deine eigenen Wege aus Rastlosigkeit, Aktivismus und einem von anderen programmierten Leben in die erfüllte Stille, in die schöpferische Besinnung.

Horst Opaschowski, ein bekannter Hamburger Freizeitforscher, malt ein schreckliches Zukunftsszenario: »In Zukunft droht die Entspannung aus der Steckdose: Gehirnmaschinen, so genannte Mind-Machines, werden dann für Entspannung und Wohlbefinden sorgen. So groß wie ein Walkman stimulieren sie mit optischen und akustischen Signalen das Gehirn. Über Kopfhörer und Spezialbrille wählen die Benutzer ihr Programm: Entspannung, Schlafunterstützung oder Meditation. In jeder größeren Stadt werden Brain- oder Mind-Studios wie Pilze aus dem Boden schießen, die dann per Knopfdruck Entspannung aus der Steckdose liefern.«

Die Urlaubswelten der Zukunft drohen immer arrangierter, inszenierter und künstlicher zu werden – auf Kosten von Echtheit, Originalität und Ursprünglichkeit.

Entziehe dich der Oberflächlichkeit
der Freizeitindustrie.

Die touristische Erlebnisindustrie wird immer höhere Ansprüche erfüllen, es droht eine Anspruchsrevolution. Der Fortschrittsgedanke, bisher die Triebkraft für Technik und Technologie in der Wirtschaft, wird sich auf die Freizeitwelt verlagern. Dabei wissen wir inzwischen längst, dass Fortschritt um jeden Preis zerstörerisch wirkt und alle vernünftigen Grenzen sprengt. Wir sollten sehr bewusst dieser zügellosen Entwicklung entgegentreten und uns verweigern. Zentren des Massentourismus werden immer geist- und seelenloser. Wer sagt uns eigentlich, dass das Warten im Autobahnstau, vor dem Abflugschalter, vor der Kasse des Supermarktes im überlaufenen Ferienort dazugehört und sein muss? Wir sollten nüchtern prüfen, ob der Stress, die Risiken und Unbequemlichkeiten im Verhältnis zum Entspannungswert eines Urlaubs stehen. Es kann viel

Verweigere dich dem Angebotsstress.

sinnvoller sein, tägliche Ausflüge in benachbarte und ruhige Erholungsgebiete zu machen oder zu Hause zu lesen, Musik zu hören, Gespräche mit guten Freunden zu führen, einfach das zu tun, was einem Spaß macht: handwerkern, im Garten arbeiten, das eigene Heim schön gestalten, in einem ruhigen Restaurant essen.

Freizeit ist immer auch Kulturzeit. Musik hilft, Lebenszeit in der Freizeit zu gestalten. Festivals, Open-air-Konzerte, aber auch Kunstausstellungen und Theateraufführungen, Kultur- und Kreativwochen gibt es überall in er-

Nutze deine Freizeit als Kulturzeit.

reichbarer Nähe. Daran teilzunehmen vermittelt aufbauende und bereichernde Erlebnisse. Sie helfen uns, unsere kostbare Lebenszeit mit Lust und neuer Sinnlichkeit zu gestalten.

Je weniger es gelingt, unsere Arbeit kreativ und interessant zu gestalten, desto größer wird die Gefahr, dass wir zu hohe Erwartungen an die Freizeit stellen. Wir suchen Abenteuer und Grenzerlebnisse und wollen oder müssen unsere Experimentier- und Risikofreude ausleben. Das scheint eine besondere Gefahr für Männer zu sein, die in der Arbeit immer weniger körperlich gefordert werden. Sie versuchen sich als moderne Kurzzeit-Helden, bevorzugen Abenteuersportarten wie Fliegen, waghalsiges Bergsteigen, Bungee-Springen, Fassadenklettern. »Der Freizeitmensch von morgen gleicht einer modernen Chimäre, einem Fisch-Vogel-Känguru-Wesen, das sich im Wasser, in der Luft und auf der Erde Sprünge erlauben kann, die eigentlich die menschlichen Fähigkeiten übersteigen...«, sagt

Gestalte die Freizeit als Ausgleich für deinen Beruf.

Opaschowski. Weil die Arbeit nicht mehr fordert und ausfüllt, suchen viele ein bestimmtes Aufregungs-, Spannungs- und Konfliktniveau. Die Freizeitforschung spricht vom »Thrilling« als neuer Freizeitbewegung, die den Menschen in den Zustand des Dauerstress versetzt. Angstlust und Nervenkitzel sind eine Ersatzbefriedigung für das, was an echten Befriedigungen in sinnvollen Tätigkeiten nicht erlangt wird.

Auch Langeweile führt zur Unfähigkeit, Lebenszeit selbst und sinnvoll zu gestalten. Jugendliche Autodiebe im Kindesalter stehlen Autos, nur um wie im Rausch zu fahren. Dahinter steckt nicht krimineller Geist, sondern nur die Leere der Zeit und des eigenen Lebens, in dem nichts Aufregendes passiert. Im Bereich des Fußballs wandeln sich bei den »Hooligans« Unterforderung und Langeweile in ein gefährliches Gewaltpotential und in das hemmungs-

Wappne dich gegen Langeweile.

lose Ausleben von Aggressionen. Wer als Jugendlicher von Arbeitslosigkeit und Geldmangel betroffen ist, sucht die Geborgenheit im Wir-Gefühl einer aggressiven Subkultur.

Langeweile hängt wie ein Damokles-Schwert nicht nur über Jugendlichen. Es bedroht die Menschen aller Lebensalter und Schichten. Der Teufelskreis von Langeweile und Genuss wird immer deutlicher, er kann zur Eskalation eines wilden und ungebremsten Erlebnisgenießens werden.

Jeder ist verantwortlich für sein Leben. Wir haben es selbst in der Hand, welche Mittel zum sinnvollen Leben wir wählen. Wir können beitragen zu einer neuen Kultur der Sinnlichkeit ohne Exzesse, Überforderungen und Fremdbestimmung. Dabei kann uns die Musik helfen. Ich

Aktiver Umgang mit Musik kann helfen,
der Fremdbestimmung zu entkommen.

wage die kühne Behauptung: Der Fetisch Auto kann durch das Musikinstrument schrittweise ersetzt werden. Musik bietet viele der Eigenschaften, die das Auto – über seine Funktion als Fortbewegungsmittel hinaus – so begehrenswert macht. Eine Umfrage hat drei Eigenschaften festgestellt, die man in der IFA-Formel zusammenfassen kann: Identifikation, Freiheitsgefühl und Aggression.

Das Auto ist in erster Linie ein Objekt, mit dem sich der Besitzer identifiziert. Je nach Selbstverständnis und Typ werden die Marke und die Farbe gewählt. Trotz Staus und Parkplatzproblemen haben die Autofahrer in der Großstadt das subjektive Empfinden, im Auto frei zu sein. Im Krieg auf den Straßen werden Aggressionen entladen.

Ich behaupte nun: Die drei genannten psychologischen Funktionen können besser durch das Spielen eines Musikinstruments erfüllt werden. Wer ein Instrument spielt, identifiziert sich damit, schafft sich ein Selbstwertgefühl,

Musizieren hebt das Selbstwertgefühl und baut Aggressionen ab.

soziale Anerkennung und Geborgenheit in der Gemeinschaft Musizierender. Die stärkste Identifikation erreichen wir dann, wenn wir dem einen ganz persönlichen Ausdruck verleihen, was an Imagination und Kraft in uns ist, und dies in die musikalische Gestaltung einbringen. Das kann jeder beim Instrumentalspiel, beim Singen oder Dirigieren tun. Damit verschmutzen wir weder die Umwelt noch bringen wir andere in Gefahr!

Dass Musik befreien kann, wird in der Psychotherapie und Musiktherapie immer wieder deutlich. Aktives Musizieren baut Aggressionen ab. Es bietet eine Lebensfülle, die den Hunger nach Risiko gar nicht erst aufkommen lässt. Es stillt sogar das Verlangen, die eigenen Grenzen kennen zu lernen.

Wer Strapazen als Ersatz für harte Arbeit oder für Unterforderung und Bewegungsmangel sucht, soll musizieren oder Sport treiben. Musikmachen bietet echte Herausforderungen und Erfolgserlebnisse. Jugendliche erleben dabei, wie Aggressionen abgebaut und das Risiko kontrolliert werden. Wer Musik macht, entdeckt, dass er jemand ist, etwas selbst kann und von anderen beachtet wird.

3. Arbeit und Freizeit sinnerfüllt gestalten

Uns alle bestimmt immer noch stark die alte protestantische Berufsethik. Danach ist Arbeit mit »Mühsal und Plage« verbunden. Lust und Freude wurden auf die Lebensfelder bezogen, die nichts mit Arbeit zu tun haben. Aber auch die Berufsarbeit muss Sinn und Lust vermitteln. Die Arbeitsbedingungen und das Leben am Arbeitsplatz müs-

Suche Sinn auch in der Berufsarbeit.

sen so gestaltet werden, dass diese Forderung erfüllt wird. Das ist keineswegs unrealistisch und ökonomisch unhaltbar. Mit der Steigerung der Lust geht immer auch eine Steigerung der Leistung einher. Die Wirtschaft beginnt immer deutlicher, das umzusetzen. Es ist überhaupt nicht abwegig, Führungskräfte zu Organisatoren und Managern von Leistungslust auszubilden. Führen bedeutet dann nicht mehr nur das Leiten und Lenken von Menschen, sondern das Vermitteln von Sinn-Freude-Erlebnissen am Arbeitsplatz – in direktem Wettbewerb mit Freizeitangeboten. Hier müssten alle Erkenntnisse umgesetzt werden, die ich in den vorigen Kapiteln für ein Leben mit Liebe und Lust dargestellt habe: Anreize geben, Motivationen schaffen, Wir-Gefühl herstellen, menschliche Beziehungen und Freundschaften am Arbeitsplatz fördern. Wenn immer mehr Freizeitelemente in die Arbeitswelt eindringen, wachsen die Möglichkeiten, die sinnvolle Zeit- und Lebensgestaltung zu intensivieren.

Viele Unternehmen investieren viel Zeit und Geld in eine »Unternehmensphilosophie«, stellen die immateriellen Werte wie Identität, Sinn der Arbeit, Stil im Umgang miteinander und mit den Kunden, Kooperation und Kreativität in ihre Bilanz ein. Zum Wir-Gefühl und zur gemeinsamen Herstellung einer Corporate Identity gehören Begriffe wie Bekennen, Kennen, Erkennen können und Wollen. Berufliche Fortbildung und die Weiterentwicklung der Persönlichkeit der Mitarbeiter werden gefördert, weil nur zufriedene Mitarbeiter erfolgreiche Gestalter der gemeinsam gefundenen Unternehmensziele sind. Und immer mehr Arbeitnehmer suchen Sinn und Freude im Beruf. Dafür sind manche sogar bereit, finanzielle Einbußen hinzunehmen. Ein Wertewandel bahnt sich hier an. Die Be-

Menschen brauchen Freiräume, nicht mehr Freizeit.

deutung der zwischenmenschlichen Beziehungen wird wieder stärker erkannt. Hier liegen Chancen dafür, dass die psychische und soziale Entwurzelung und Desintegration gestoppt wird. Zu Recht wollen immer mehr arbeitende Menschen lieber mehr Freiräume als mehr Freizeit. Sie wollen ihre Arbeitszeit selbst bestimmen. Die flexiblere Gestaltung der Arbeitszeit könnte zu einer Veränderung der gesamten Lebensgestaltung führen: Aus dem Abreißen von Stunden könnte wieder gefüllte Zeit werden, aus bloßer Freizeit wieder wirklich freie Lebenszeit, aus fremdbestimmten Menschen freie. Nach neuesten Untersuchungen muss festgehalten werden: Die Freizeitgesellschaft, in den siebziger Jahren als Legende und Mythos entlarvt, scheint in weite Ferne gerückt zu sein. Wir müssen Abschied nehmen von Illusionen. Das gehört zu einem wachen, aufmerksam und selbst gestalteten Leben dazu.

Wir stoßen inzwischen sehr hart an die Grenzen unserer Wohlstandsgesellschaft. Dass wir über unsere Verhältnisse leben, zeigt auf der einen Seite die massenhafte Verbreitung von Freizeit und Wohlstand und auf der anderen Seite die zunehmende Zahl derer, die keine Arbeit, kein Geld

Verweigere dich dem Überfluss.
Finde zu einer sozialen Lebensgestaltung.

und keine Erfolgskräfte haben. Die sozialen Folgen einer Überflussgesellschaft liegen in verschiedenen Formen einer Entsolidarisierung, in der Schwächung sozialer Beziehungen und des Gemeinsinns und in dem Trend zur Singlegesellschaft. »Die Anerkennung von Schranken ist der Schlüssel zum Überleben und zur Vollkommenheit«, formuliert Michael Sorkin. Wer die Zeichen der Zeit erkennt, wird sich darauf einstellen. Er wird bei sich selbst anfangen und seine Einstellung ändern. Er wird den Tanz ums goldene Selbst beenden und sich als wichtigen und verantwortlichen Teil im Netzwerk des ganzen Lebens sehen. Er wird investieren in eine soziale Lebensgestaltung und sein eigenes Ich immer im Zusammenhang mit dem Du und dem Wir sehen. Er wird das Seine dazu tun, dass sich die sozialen Verankerungen in Familie, Nachbarschaft, Kollegen- und Freundeskreis nicht weiter lösen. Und er wird alles daransetzen, seine Arbeitswelt mit der Freizeitwelt zu verbünden und eigenständig zu verbinden. Er will nicht

Sei nicht Konsument, sondern Produzent deines Lebens.

mehr nur Konsument, sondern Produzent seines ganzen Lebens sein. Gegen die Trennung seines Lebens in das Wohnen im eisernen Käfig der wirtschaftlichen Notwendigkeiten einerseits und im luxuriösen Schloss romantischer Träume und Genüsse andererseits wird er sich so wehren, dass er in dem einen Haus seines Lebens beheimatet ist.

Ich erlebe immer mehr Menschen, die ihr Leben nicht zweiteilen lassen wollen. Sie wollen nicht zerstückelt werden, forschen nach dem, was ihr eigenes Leben im innersten zusammenhält. Das ist anstrengend, weil sich unser Leben in der Gesellschaft wie privat immer mehr auffächert, spezialisiert und differenziert. Kein Einzelner kann noch überschauen, was sich in den Lebensbereichen von Politik und Wirtschaft, Kultur und Wissenschaft, Technik und Forschung vollzieht. Das macht Angst und lässt das Gefühl entstehen: Du wirst immer kleiner, unwichtiger und überflüssiger.

Um so wichtiger wird es, dass wir uns auf uns selbst besinnen und uns nicht einfach mitreißen und fortschwemmen lassen. Eigeninitiative, eigene Kreativität, eigener

Entwickle Eigeninitiative.

Wille sind gefragt. Wir müssen uns wehren gegen jede Aufspaltung des Lebens, die uns selbst spaltet und Abgründe in uns aufreißt. Als Jugendlicher war ich immer aus auf schöne, besondere und große Erlebnisse: Partys, Konzertbesuche, Mitgestalten großer Aufführungen. Irgendwann merkte ich, dass ich Leben nur auf den Höhen suchte, dass die Täler der Normalität mir immer fremder und unwichtiger wurden. Mich bedrohte diese Zweiteilung meines Lebens. Der Alltag wurde belanglos, die Sonnen- und Feiertage waren die einzige sinnvolle Lebenszeit. Ich kämpfte dagegen an, wollte im normalen Leben Schönes entdecken und mich selbst bewähren. Ich schraubte meine viel zu hoch gesteckten Erwartungen an die Höhepunkte und den immer stärker werdenden Drang, nur oben und nicht unten zu leben, zurück, weil ich das eine Leben ganz und nicht zweigeteilt leben wollte. Ich bin heute glücklich, dass mir das gelungen ist. Ich wehre mich, wenn ich zerrissen werde, wenn Polarisierungen drohen. Und bin gefeit gegen eigene Überforderungen: Reisen, außergewöhnliche Ereignisse und Erlebnisse sind nicht das Eigentliche, und

Besinne dich auf dich selbst.

die kleinen Dinge des Alltags, die täglichen Herausforderungen und Konflikte, sind nicht das, was ich möglichst schnell überwinden muss.

Wer sein Leben so ganz und ungeteilt lebt, wird nicht von der Angst gejagt, irgendetwas Besonderes oder Schönes zu verpassen. Er ist gefeit gegen den zunehmenden Angebotsstress und gewappnet gegen die ständigen Reizsteigerungen, die sich – psychologisch geschickt – die Konsum- und Freizeitindustrie ausdenkt. Er will nicht nur Konsument sein und folgt nicht mehr blind der Verlockung, die da lautet: »Erfülle dir alle deine Wünsche!«

Es ist die Chance älterer Menschen, Wichtiges von Unwichtigem unterscheiden zu können. Mit der eigenen Lebenserfahrung, allen positiven Erinnerungen und allen erlittenen Enttäuschungen, werden wir innerlich stärker. Das Gefühl, dauernd zu kurz und ständig zu spät zu kommen, verliert seine Macht. Die Angst, dass die Zeit wegläuft, wenn ich nicht die zahlreichen Angebote des Lebens ausgekostet habe, dröhnt nicht mehr wie eine ständig

Unterscheide, was dir wichtig und unwichtig ist.

mahnende Trommel in uns. Das Materielle verliert seinen hohen Rang, die Lebensmittel bilden nicht mehr die Mitte des Lebens, Beziehungen zu anderen und Freundschaften werden wichtiger. Wir sind nicht mehr in der Gefahr, Opfer der eigenen, egoistischen Ansprüche zu werden. Wir können selbst Grenzen setzen, deutlicher Nein sagen, uns gegen Apathie wehren. Wir durchschauen die Scheinwelt der Erlebnisindustrie besser als in früheren Jahren unseres Lebens und sind gleichgültiger gegen den Überfluss, der sich immer mehr zum Überdruss wandelt.

Es ist an der Zeit, dass sich die Älteren wieder der Enkelgeneration zuwenden. Noch wehren sich die Enkel dagegen, leben ihre Freiheit aus, suchen Genuss sofort, wollen erst genießen und dann verdienen. Sie sind Spiegelbild der Erwachsenen. Es hilft nicht, sie zu kritisieren und nur den Kopf über sie zu schütteln. Die Jugend war zu allen Zeiten so, wie die Eltern und Großeltern es ihr vorlebten. Wer sie beschimpft, lenkt nur ab vom eigenen Fehlverhalten, hält Fensterreden, die nur die Wirkung haben, dass ich mich

Du hast die Chance, deinen Enkeln positive Werte vorzuleben.

dabei selbst fein heraushalte. Wir Älteren müssen den Jungen zeigen, dass wir nicht auf Überreizung aus sind, sondern unsere intellektuelle und moralische Reizempfänglichkeit stärken. Wir müssen an einem anderen Wertesystem arbeiten, eigene Initiative, eigenes Tun, selbstbestimmte Zeiteinteilung gegen Fremdsteuerung und Marionettendasein setzen. Singen, Spielen, Gestalten, Schreiben, Gespräche im kleinen Kreis, Wandern, Gartenarbeit, Erleben und Pflege der Natur, Heimwerkern und Basteln, eigenes Engagement in der Schularbeitenhilfe und bei der Ausländerbetreuung, Hilfe für alte Menschen bei Behördengängen, Nachbarschaftshilfe und vieles mehr sind Möglichkeiten, die Befriedigung geben und sinnvoll sind. Wir werden selbst nach dem Satz leben, dass nicht die Quantität der Freizeitangebote, sondern die Qualität der Freiheit, unsere Zeit zu gestalten, über ein gelingendes Leben entscheidet. Unsere eigenen Möglichkeiten sind dann Alternativen zum übertriebenen Ich-Kult, den man als »Mega-Kult des Westens« bezeichnet. Leitbild ist dann nicht mehr das Super-Ego, Leben kein Supermarkt, und wir werden nicht mehr zwischen Kaufrausch und Erlebnisstress hin- und hergerissen.

Es gibt viele heimliche Verführer. Einer ist die Vorstellung vom käuflichen Glück. Glück wird gesucht und erjagt in der Mentalität des »Alles-sofort-«, »Immer mehr-«, »Immer hastiger-«, »Immer maßloser-« und »Drop-out«-Lebens. Für viele ist Glück zur Ware geworden, zum Angebot im

Glück kann man nicht kaufen.

Katalog des Versandhauses neben anderen Super-Sonderangeboten. Die Werbung, immer raffinierter und aufreizender, suggeriert: Das muss man unbedingt haben, ohne solche Artikel kein Leben, das gehört zum Glück. Statussymbole ersetzen dann die eigenen Erfahrungen, Entdeckungen und Erlebnisse.

Glück aber ist mehr inneres als äußeres Gut, ist Lebenserfüllung und nicht das Füllen der Schränke und Zimmer mit überflüssigen Dingen. Wir müssen es immer selbst suchen und finden. Es wird immer wichtiger, seine eigenen Wünsche zu haben und sich selbst Ziele zu setzen. Sie dürfen nicht zu zahlreich und nicht zu groß sein. Reduziere deine Wünsche auf ein realistisches Maß! Prüfe genau, was dir angemessen ist, was zu dir passt, was du wirklich

Reduziere deine Wünsche auf ein realistisches Maß.

willst! Überlege ab und zu, worauf du verzichten kannst, ohne unglücklicher zu werden! Dabei hilft die alte Frage: Was würdest du mitnehmen, wenn du auf einer einsamen Insel leben solltest? Konzentriere dich auf das, was du erreichen kannst! Nicht gleich das große Glück erstreben! Es ist heilsamer, nur ein Stück davon in deinen Alltag zu holen. Es müssen immer noch genügend kleine Träume übrig

Hole dir ein Stück vom großen Glück in deinen Alltag.

bleiben. »Das Glück gleicht einem Mosaikbild, das sich aus lauter unscheinbaren kleinen Freuden zusammensetzt«, formuliert Opaschowski treffend.

Wer Glück nur äußerlich und als Konsumartikel versteht, konzentriert sich auf sich selbst und sein nie zu sättigendes Ego. Dieses kleine Etwas da in uns bleibt immer unruhig und hungrig. Wohlstand und Besitz, Leben als ein

Glück liegt nicht im Mehr-Haben, sondern im Weniger-Brauchen.

Jagen nach Mehr schafft weder Zufriedenheit noch Glück. »Ein jeder Wunsch, ist er erfüllt, kriegt augenblicklich Junge.« Es ist gut, dass wir mit zunehmendem Alter und wachsender Lebenserfahrung unsere wahren Bedürfnisse erkennen. Wir sind gesättigter als in jungen Jahren, wo der Hunger nach Leben ungestümer und unkontrollierter war. Wir können besser Wünsche und Erwartungen reduzieren auf ein vernünftiges und realistisches Maß. Eine Inschrift am Zeus-Tempel von Olympia lautet: »Genieße nach Maß, damit du länger genießen kannst.« Das gibt die Richtung an für ein glücklicheres Leben. Werde bescheidener, maßvoller, realistischer – dann wirst du freier!

Zu einem bewussten Leben helfen folgende Schlüsselfragen, die der Freizeitforscher Opaschowski formuliert hat:

- Tragen Konsumangebote zum physischen, psychischen und sozialen Wohlbefinden bei oder lassen sie uns aus dem Gleichgewicht geraten?
- Fördern sie das Zusammensein in Partnerschaft, Familie und Freundeskreis oder wirken sie gemeinschaftsschwächend?
- Ermöglichen sie Naturerleben und unbeschwerten Naturgenuss in intakter Umwelt oder verursachen sie irreparable Schäden?
- Lassen sich Konsumangebote mit persönlichen Bildungsbedürfnissen und Kulturinteressen verbinden oder verhindern sie eine persönliche Weiterentwicklung und Lebensbereicherung?

Es gibt eine Hilfestellung zum Freiwerden. Jeder braucht nur eine tief in ihm sitzende Frage zu verändern, nur ein Wort zu ersetzen, und er findet einen besseren Weg zum

Glück, das er als Freiheit von sich selbst und als glücklich-
machende Bindung an andere Menschen erleben wird. Die
Frage: »Wie kann ich glücklich werden?«, ist der Motor
eigenen Glücksverlangens. »Wie kann ich glücklich machen?«, ist dagegen eine Zielfrage, mit der ich die Grenzen
meines Selbst und die Mauern um das eigene Ich überstei-
ge. Ich werde entdecken, dass ich unerwartet, unverhofft
und unverdient Glück empfange, das ich selbst gar nicht
gesucht und erworben habe. Glück wächst nicht in der

Frage nicht: Wie kann ich glücklich werden?
Frage: Wie kann ich glücklich machen?

Monokultur des eigenen Ich. Es ereignet und schenkt sich
im Glücksdreieck vom Ich, der sozialen Gruppe und der
Sinnorientierung, an der beide, der einzelne und die Gruppe, sich gemeinsam ausrichten. Das gilt es neu zu entdecken.

Jeder weiß, dass Glück und Unglück nah beieinander liegen. Wem es gut geht, der hat manchmal das Glück nötig,
unglücklich zu sein. Das klingt paradox und steht quer zu

Unglück gehört zum Leben wie das Glück.

allem Streben nach einem harmonischen Leben ohne Tränen und Leid. Aber niemand hat uns hier auf Erden einen
Rosengarten versprochen. Auch keinen Himmel und erst
recht kein Paradies.

Ein Recht auf Glück, einklagbar wie Besitz oder Grundrechte, gibt es bei uns nicht wie z. B. in der amerikanischen
Verfassung. Das kann es überhaupt nicht geben. Es gehört
zu den schwersten und größten Aufgaben im Leben zu lernen, dass Glück und Unglück zwei Seiten des einen Lebens
sind. Wer nur Glück im Genießen und in überschäumen-
der Freude sucht, lebt oberflächlich und wird unfähig, die
eigenen Tal- und Durststrecken allein zu gehen. Und er
wird Glück nicht in seiner ganzen Fülle und Tiefe erleben

können. Glück und Unglück gehören zusammen wie Höhen und Tiefen, wie Stärke und Schwäche, wie die Tränen der Freude und der Trauer, wie Leben und Tod. Ich denke oft an den Satz, den mir ein älterer Mann kurz vor seiner Goldenen Hochzeit sagte: »Die Höhepunkte in unserem Leben waren die Überwindung der Tiefpunkte.«

Wer so bewusst die Zeiten des Unglücks in sein Leben

Suche Sinn in deinem Unglück.

integriert, der will Lebenssinn statt Lifestyle, mehr Lebensqualität als -quantität erreichen.

Wir sind auf der Suche nach einem neuen Lebensstil. Er muss verzichtbereiter sein, wenn es um Freizeit- und Konsumgewohnheiten auf Kosten anderer und der natürlichen Umwelt geht. Er muss anspruchsvoller werden im Blick auf den eigenen Einfallsreichtum, die Persönlichkeitsbildung und das umweltbewusste Verhalten. Unsere soziale Sensibilität muss hoch entwickelt sein. Aus der individualistischen Ego- und Single-Kultur muss wieder eine Ge-

Entziehe dich dem Trend zur übertriebenen
Individualisierung – setze dich für andere ein.

meinschaftskultur werden, die Verlässlichkeit, Sicherheit und Geborgenheit garantiert. Zusammenlebende, Verheiratete und Familienmitglieder neigen erwiesenermaßen weniger als Singles zu Einsamkeit und Depressionen, werden weniger krank und leben länger. Mit dem anhaltenden Trend zur Individualisierung gehen immer mehr Identifikations- und Orientierungsmöglichkeiten verloren. Die Bereitschaft, sich in Vereinen zu engagieren, sinkt im gleichen Maß, wie sich der Verein zum Dienstleistungsverein entwickelt und hauptamtliche, berufsmäßige Mitarbeiter eingesetzt werden, stellt die Deutsche Gesellschaft für Freizeit fest. Kommerzialisierung und Professionalisierung schwächen das Engagement der Ehrenamtlichen. Ich werbe vehement für mehr Freiwilligkeit und für die eigene Kompetenz der Ehrenamtlichen. Ohne ihr Engagement in Parteien, Kirchen, Vereinen würde nichts funktionieren. Ohne die Millionen Freiwillige kein Gemeinsinn und keine Wärme, sondern Egoismus und Kälte! Freizeitkonsum vermittelt vielleicht »Spaß sofort«, Zerstreuung und Entspannung. Hingegen lebt das Ehrenamt von Eigeninitiative, Verantwortungsbewusstsein und Erfolgserlebnissen viel tieferer Art. Es macht Freude, anderen zu helfen, und es stärkt das Selbstwertgefühl. Es entwickelt sich Stolz auf eigene Entscheidungs- und Einflussmöglichkeiten.

Erich Fromm warnte bereits Ende der sechziger Jahre vor einer zweifachen Bedrohung des Menschen: der Vernichtung durch Krieg und der inneren Leblosigkeit durch das Passivsein. Eine der Grundvoraussetzungen menschlichen Wohlergehens sei es, aktiv zu sein und alle seine Fähigkeiten produktiv einzusetzen. Es wird Zeit, dass freiwillige Dienste sozial honoriert und durch Status- und Prestigesymbole gesellschaftlich aufgewertet werden. Natürlich hat jede gern getane Aufgabe ihren Lohn in sich, schenkt Zufriedenheit und Anerkennung. Aber warum nicht stärker Medaillen und Ehrentitel an Ehrenamtliche verleihen? Warum wird nicht ein gesetzlicher Anspruch auf Sonderurlaub, vorübergehende Freistellung in Schule, Ausbildung und Beruf durchgesetzt? Auch materielle Honorierungen in bescheidenem Umfang sind hier zu erwägen. Das kann vom Steuerfreibetrag über Verdienstausfallregelungen bis zu Vergünstigungen bei der Benutzung öffentlicher Verkehrsmittel und dem freien Eintritt in öffentliche Kultur- und Freizeiteinrichtungen gehen.

Das Bewusstsein für den Gemeinsinn muss bei uns so gestärkt werden, dass die Ausübung eines sozialen Ehrenamtes genauso prestigeträchtig ist wie der Erwerb eines kostspieligen Konsumartikels. Beides muss verdient werden – entweder durch Arbeit oder durch ein Handeln im Dienste der Gemeinschaft.

Wir müssen umdenken, wenn wir zukunftsorientiert leben. Aus der Lernschule muss wieder eine Lebensschule werden. Lernfragen sind zwar wichtig, Lebensfragen aber noch wichtiger. Viele Schüler haben nach Verlassen der Schule den Kopf voll mit Formeln und Vokabeln, stolpern aber ziemlich rat- und hilflos ins Leben. Viele der persönlichen Lebensfragen, die Voraussetzung für die Bewältigung des Lebens sind, werden kaum oder gar nicht behandelt. »Wie lebe ich gesund?« »Wie gehe ich sinnvoll mit mir selbst, mit anderen, mit dem arbeitsfreien Teil meines Lebens um?« Fach- und Spezialkenntnisse veralten immer schneller, Computer haben ein besseres Gedächtnis. Die Schule muss sich auf diesen Beschleunigungsprozess einstellen.

Elternhaus und Schule müssen verstärkt Lebenskompetenzen fördern, zu Eigeninitiative, Selbständigkeit und Partnerschaft anleiten. Die Gesellschaft entlässt ihre

Erziehung soll nicht nur Kenntnisse vermitteln,
sondern Lebenskompetenz.

Wohlstandskinder in eine offene Zukunft mit viel Freizeit, weniger Arbeit und weniger sozialem und politischem Engagement. Lebenskompetenzen sind z. B. folgende:

- Einüben von Selbständigkeit,
- Stärkung der Gemeinschafts-, Team- und Kooperationsfähigkeit,
- Lernen, mit Medien und Konsumangeboten umzugehen,
- Werteerziehung als Lebens- und Orientierungshilfe.

Dazu gehört ein Mindestmaß an Verbindlichkeiten, Auf-

Besinne dich auf die beständigen Werte.

gaben und Regeln. Wichtig ist eine Besinnung auf das Beständige, nicht Kurzlebige, auf Überzeitliches, nicht Mo-

150

disch-Kurzatmiges. Ich halte mich an Prognosen, die mich hoffen lassen:

- Die Sehnsucht der Menschen wird stärker, Zeit und Muße für sich selbst zu finden.
- Persönlichkeitsbildung und freizeitkulturelle Weiterbildung werden immer wichtiger.
- Die Zukunft gehört neuen Bildungsformen und Bildungsinstitutionen, die die Jedermann-Kreativität fördern.
- Immer mehr Universitäten werden die »älteren Semester« entdecken.
- Der Kulturbereich sieht einer expansiven Zukunft entgegen.
- Die Familie bleibt der subjektiv wichtigste Lebensbereich, der Freundeskreis gewinnt für die Gestaltung der Freizeit wachsende Bedeutung.
- Soziales Engagement und freiwillige Mitarbeit werden zum moralischen Ersatz für Erwerbsarbeit.

4. Mehr Mut zur Muße

»Was verkürzt mir die Zeit? Tätigkeit! Was macht sie unerträglich lang? Müßiggang!« Dieser Satz Goethes leuchtet uns unmittelbar ein. Es steckt offenbar sehr tief in uns, dass »Müßiggang aller Laster Anfang ist«. Leider unterscheiden viele nicht zwischen Müßiggang und Muße. Der Zwang, aktiv zu sein, verfolgt uns bis in die freien Zeiten des Lebens, wird zum bohrenden und unruhig machenden Muss: »Müssen nicht mal wieder Freunde eingeladen, Verwandte besucht werden? Müsste nicht das Auto mal gründlich poliert, die Wohnung gesäubert werden, bevor ich mich hinsetze?« Sokrates hat dies erkannt. Er schrieb: »Muße ist der schwerste Besitz von allen.« In Meyers Lexikon wird Muße so definiert: »Das tätige Nichtstun. Spezifische Formen schöpferischer Verwendung von Freizeit«. Cicero verbindet den Begriff Muße immer mit dem der Würde. Muße ist eine Lebensform, die der Würde des Menschen besonders entspricht. Von dieser Erkenntnis sind viele weit entfernt. Tätigsein fällt leichter als Nichtstun. Urlaub und Freizeit werden nicht als Chance genutzt, einfach untätig, befreit von Zwecken und Zwängen nur für sich selbst da zu sein. Dabei haben wir Zeiten so nötig, in denen wir unsere Seele baumeln lassen, so wie es Felix Timmermans in seinem Roman »Pallieter« beschreibt: »Pallieter stand eines Tages wie so oft an einen Baum ge-

Genieße, dass du lebst.

lehnt, die Hände in den Hosentaschen. Er betrachtete vergnügt das Spiel der Sonnenstrahlen in den Blättern. Da kam jemand vorbei und fragte ihn, so wie wir oft gefragt werden: ›Was machst du da?‹ Pallieter antwortete: ›Ich bin‹.«

Nichts tun, aber ganz da sein, zufrieden und entspannt uns an den Augenblick hingeben – das tut Körper, Geist

Aus Muße erwächst neue Energie.

und Seele wohl. Dann denken und fühlen wir gut, träumen und spüren Schönes und sehen alles um uns herum mit anderen Augen.

Es gibt zu viele rastlose Müßiggänger! Wenn ich in die Gesichter von Urlaubern und Touristen schaue, entdecke ich so etwas wie eine chronische Angespanntheit. Sie werden von irgendetwas getrieben, wirken wie aufgezogen. Was Muße sein sollte, steht unter dem Diktat des Muss: Im Garten zu arbeiten muss etwas bringen, Reisen müssen bilden, Sport muss fit erhalten, im Urlaub muss man viel erleben. Sex dient dazu, Spannungen abzureagieren. Alles muss unterm Strich was bringen. Das hohe Tempo von Arbeitsplatz und Alltag wird nicht verlangsamt, die Welt wird nur im Vorwärtsgang und -drang erlebt. Schnell ist gut, langsam ist langweilig und schlecht.

Muße ist etwas ganz anderes und viel mehr. Sie ist eine Reise in die Gefilde der Nutzlosigkeit. Da genießt man, dass man lebt. Da wird die leere Zeit gefüllt mit guten Gedanken, mit Freude an Blumen und an der Natur. Da wird der Boden im Garten nicht nur angestrengt beackert, sondern wir betrachten auch die Blumen oder das Tomatenpflänzchen, das heute schon wieder etwas größer gewor-

Die Reise nach innen ist die schönste Reise.

den ist. Da sitzen wir entspannt und schauen in die Weite und lassen die Sorgen des vergangenen Tages los. Da werfen wir Belastungen und Angst ab, blicken auf zu den Sternen am Himmel und spüren die Unendlichkeit. Da achten wir auf unseren Atem und füllen uns Zug um Zug mit der Ruhe der Nacht und fühlen, wie sich Frieden in uns ausbreitet. »Gib dich preis, Leib und Seele, gib dich preis, endgültig, ohne Rückhalt, in Gottes Hände!«, heißt es in einer Anweisung von Dom Helder Camara.

In solchen Zeiten der Muße fallen dann alle auf Zweck und Nutzen gerichteten Gedanken von uns ab. Wir besänftigen unsere Wünsche, legen unsere uns treibenden Pläne schlafen, lassen uns einfach fallen. Die Reise nach innen ist die längste und schönste Reise. Das sind Augenblicke, wo das, was uns heute noch aussichtslos erscheint, sein nagendes Fragen lässt und wir darauf setzen, dass morgen ein neuer Weg sichtbar wird. Da fangen die inneren Bilder an zu leuchten und zu strahlen. Wir spüren das Ganze, Vollkommene und Heilende, wenn wir die leiblichen Augen schließen und die Augen des Herzens öffnen.

Alle Pläne, alle Unruhe, Kummer und Sorgen lasse ich los, ich lockere den Griff, mit dem ich sie halte, und gebe sie in eine große Hand, die sie mir abnimmt. Diese Hand ist wie eine offene Schale, bereit, alles aufzunehmen, was ich hineingebe. Ich sage dann: »Ich lasse mich dir!« Und wiederhole diesen Satz, bis er mich ganz erfüllt. So haben Mystiker und Meditationskundige aller Zeiten Befreiung erlebt, Versenkung, Leerwerden und Gefülltwerden.

Muße befreit.

Das Schweigen müssen wir neu üben. Schweigen ist mehr als nur still werden, den Lärm abschalten, die Nerven ruhig werden lassen. Schweigen heißt: Ich lasse mich los, ich verzichte auf meine Wünsche, auf meine Sympa-

Übe das Schweigen, es schenkt Erlösung.

thien und Antipathien, auf meine Schmerzen und meine Freuden, auf alle Verdienste und alle Taten. Wir haben solches Schweigen und die anderen Klänge der Stille so nötig, wie Werner Bergengruen es in seinem Gedicht »O komm, Gewalt der Stille« beschreibt:

Wir sind so sehr verraten,
von jedem Trost entblößt.
In all den schrillen Taten
ist nichts, das uns erlöst.

Wir sind des Fingerzeigens,
der plumpen Worte satt.
Wir wolln den Klang des Schweigens,
der uns erschaffen hat.

Gewalt und Gier und Wille
der Lärmenden zerschellt.
Oh komm, Gewalt der Stille,
und wandle du die Welt.

Wenn wir uns solchem Schweigen anvertrauen – und dazu gehört Mut! –, dann verstehen wir durch Stille, dann wirken wir aus Stille, dann gewinnen wir in Stille. Wir müssen nicht nach Asien zu den Meistern der Meditation fahren. Wir brauchen nicht für viel Geld die Angebote auf dem boomenden Markt der Schweigetechniken und der

Bete und meditiere.

selbst ernannten Gurus und Heilbringer zu kaufen. Die christliche Tradition bietet uns einen reichen Erfahrungsschatz, uns Westeuropäern sind die Mystiker aller Zeiten angemessene Führer auf dem Weg des Schweigens hin zu uns selbst. Sich in ihre Worte und Erlebnisse zu versenken, lässt uns uns selbst finden. Ich zitiere als Beispiel den mittelalterlichen Meister Eckhart:

»Gott ist allzeit bereit, aber wir sind sehr unbereit; Gott ist uns nahe, aber wir sind ihm fern; Gott ist drinnen, wir aber sind draußen; Gott ist (in uns) daheim, wir aber sind in der Fremde.

Ich habe eine Kraft in meiner Seele, die Gottes ganz und gar empfänglich ist. Ich bin des so gewiss, wie ich lebe, dass mir nichts so nahe ist wie Gott. Gott ist mir näher, als ich mir selber bin.

Wenn man einen Tropfen in das wilde Meer gösse, so verwandelte sich der Tropfen in das Meer und nicht das Meer in den Tropfen. So (auch) geschieht es der Seele: Wenn Gott sie in sich einzieht, so verwandelt sie sich in ihn, so dass die Seele göttlich wird, nicht aber Gott zur Seele.

Gott finden wir am sichersten in unserem Innern.«

Mystiker haben die Reise nach innen und ins Schweigen verbunden mit Beten. Beten ist recht verstanden die reinste Form der Hingabe, weit entfernt von allem egoistischen Bitten und Drängen. Das Gebet »ohn Unterlass« meint die Haltung völliger Offenheit, die Konzentration auf den Satz: »Nicht mein, sondern dein Wille geschehe«. Johannes vom Kreuz sagt es so: »Der Mensch überlasse sich den Händen Gottes. Er liefere sich nicht den eigenen Händen aus.« Und der große dänische Philosoph und Theologe Sö-

155

ren Kierkegaard versteht das Beten so: »Beten heißt nicht, sich selbst reden hören, beten heißt, still werden und still sein und warten, bis der Betende Gott hört.« Menschen unseres Jahrhunderts wie der verstorbene Generalsekretär der UNO Dag Hammarskjöld haben die alte Tradition der meditierenden und betenden Gottsucher und Gottesverehrer wieder belebt. Zwei kurze Aussprüche möchte ich zitieren: »In dem Einen bist du niemals einsam. In dem Einen bist du allezeit zu Haus.« »Heraus aus mir, dem Hindernis, hinein zu mir, der Erfüllung.«

Immer geht mit solchen Worten das neue Staunen darüber einher, dass ich bin, einfach da bin. Und in dieser Einfachheit wird alles wieder klar, ursprünglich wie in Kinderzeiten, anfänglich wie am ersten Tag der Schöpfung. Ja sagen können gelingt. Ich weiß mich bejaht, angenommen und geliebt. Das Ja ist stärker als jedes Nein, von dem unser Leben in dieser Zeit so voll ist. Wir sehen weit über uns hinaus, übersteigen Grenzen, lassen Zwänge des Alltags hinter uns, beziehen den geheimen Ablauf der Dinge, die unendlichen Räume des Universums mit ein in unser Empfinden, sagen zu Gott: Sonne des Tages und Stern in der Nacht, Quelle des Lebens und Brunnen der Freude, Brot des Lebens und lebendiges Wasser. Und leben als Empfangende, Beschenkte, Staunende, weit entfernt von allem Selbermachen, aller Hektik – in der Muße statt unter dem Muss.

Neben der christlichen Tradition gibt es den breiten Strom der jüdischen Anleitung zur Muße und zum Kampf mit dem harten Muss. Durch zwei Jahrtausende sind die Juden verstreut gewesen in alle Welt. In zweitausend Jahren haben sie das Gesetz gehalten, geliebt und gepflegt. Zweitausend Jahre lang hat der Sabbat sie geistig und real miteinander verbunden. Sie haben ihn gefeiert nach festen Regeln und einer alle verbindenden Ordnung, als Fest des Lebens und als Feier der Ruhe Gottes und der eigenen Ruhe. Sie haben am siebenten Tag der Woche so ausgeruht, als sei die ganze Arbeit getan, und haben jeden Gedanken und jede Arbeit ruhen lassen. Dank und Lob hat sie erfüllt, Dank an Gott und gegenseitige Liebe. Sie haben die Welt und den Nächsten als Geschenk genommen, sich daran

Die Sabbat-Muße gibt Raum für den Dank an Gott und für gegenseitige Liebe.

erinnert, dass die Gabe vor der Aufgabe kommt und dass jede Aufgabe nicht im Mehren und Festhalten von Eigenbesitz besteht, sondern in der Weitergabe. Der Freude und der Bejahung allen Lebens haben sie Raum gegeben. Sie sagen: Es ist Sünde, am Sabbat traurig zu sein; und wenn man Traurige kennt, sollte man wenigstens einem Traurigen helfen, dass er froher werde. Sabbat – das ist der ganze Mensch mit seinem vollen Eingehen in Schöpfung und Leibhaftigkeit, in Frieden, Freude und Dankbarkeit.

Wenn ich dieses so beschreibe, erinnere ich mich zugleich daran, dass die Christen mit der Sonntagsheiligung dieses kostbare Gut übernommen haben. Die beiden Ströme der Tradition können wir heute neu verbinden. Das macht uns stärker gegen Tendenzen unserer Gesellschaft, in der der Sonntag immer mehr zum normalen Arbeitstag wird, die Maschinen weiterlaufen und wir mitlaufen müssen, wo kaum noch Zeit bleibt für gemeinsames Erleben in Familie, Nachbarschaft, Vereinen, wo das beliebige und geistlose Sich-füttern-Lassen mit den Angeboten der Freizeitindustrie nur der Zerstreuung, aber nicht der Sammlung dient.

»Sabbat und Sonntag – statt Termine heute Stunden, statt Arbeit heute Tanz, statt Hast heute Zeit, statt Lärm

Lass dich unterbrechen: statt Arbeit Tanz, statt Lärm Ruhe.

heute Ruhe, statt Zweck heute Sinn, statt verdienen heute beschenkt werden.« So wie Elisabeth Schnitter und Stefanie Wahle-Hohlock es programmatisch vorschlagen, können wir wieder zur Muße finden und unser Leben mit ruhiger Gelassenheit, mit dem Staunen über die Liebe zum Leben und mit der Lust an einem vertieften Dasein füllen.

Jung und gesund bleiben

1. Geist, Seele und Körper sind eins

 Ohne Körper können wir nicht leben. Er ist mehr als nur ein Gefäß für Geist und Seele. Wir sind geschaffen als Menschen aus Fleisch und Blut, mit Muskeln und Sehnen, mit vielen Organen, die aufeinander abgestimmt sind und zusammenwirken. Unser Körper ist ein Wunderwerk. Die Forschung hat viele Funktionen noch immer nicht erfasst. Staunen, Ehrfurcht und liebe-

Geh verantwortungsbewusst mit deinem Körper um:
Er ist ein Wunderwerk.

voller, verantwortungsbewusster Umgang mit unserem Körper sind diesem Wunderwerk unseres Schöpfers angemessen.

In vielen Epochen unserer Kultur- und Geistesgeschichte wurden Geist und Seele höher eingeschätzt als der Leib. Das Streben nach Höherem ging einher mit der Missachtung unserer Körperlichkeit. Leibfeindlichkeit finden wir besonders in der griechisch-hellenistischen Tradition. Der Körper als Gefängnis der Seele – diese Vorstellung wirkt bis heute nach.

Sie führt zu Desinteresse und Gleichgültigkeit, aber auch zu Scham und Verachtung. Geschlechtlichkeit, Sexualität und Lust wurden nicht thematisiert und nicht als natürlich und schöpfungsgemäß angenommen. Liebe wurde körperlos und platonisch verstanden, die Triebe unterdrückt und in die Zonen der Anrüchigkeit abgedrängt. »Den Leib abtöten«, weil er den Geist behindert und die Seele mit überflüssigem Ballast beschwert – solche Vorstel-

159

lungen haben Askese und geistiges Leben beflügelt, aber zugleich Menschen amputiert, verklemmt und zum Hass auf ihren eigenen Körper getrieben. Die Freude am schönen Körper und die Freuden körperlicher Liebe wurden vielfach tabuisiert und in Kreisen frommer Christen wie wohlanständiger Bürger verschwiegen. »Darüber spricht man nicht!«, war die Devise. Sinnlichkeit, Erotik und Sexualität hielt man unter der Decke, behandelte man mit schlechtem Gewissen und belegte sie sogar mit abfälligen Äußerungen.

Als ich vor einigen Jahren das wunderschöne Hohe Lied Salomos aus dem Alten Testament in einer großen Veranstaltung im Hamburger Michel auslegte, runzelten viele die Stirn und rümpften die Nase. Warum? Eingerahmt von Liebesliedern lasen eine Schauspielerin und ein Schauspieler zunächst den Text im Dialog. Da begeistern sich beide am Körper des anderen. Er preist die Form ihrer Brüste und ihrer Lenden. Sie schwärmt von seiner Haut, die wie Honig ist. Sie vereinigen sich im Kornfeld, und ihre Sehnsucht nacheinander ist grenzenlos. Schönheit, Bewunderung, Lust und Glück durchziehen diese Liebesgeschichte.

Mit Verwunderung nahmen die Hörer zur Kenntnis, dass diese Liebesgeschichte wirklich in der Bibel steht, aber auch, dass sie schon bald nach Erscheinen umgedeutet wurde. So etwas gehört doch nicht in ein heiliges Buch! Die christliche Interpretation sieht in der jungen und schwärmenden Frau die Kirche als Braut Christi und in dem Mann Christus. Sie hebt das sinnlich-leibliche Geschehen auf die geistige und geistliche Ebene. Und schon werden Erotik und Sexualität salonfähig und dem Anstößigen enthoben.

Das ist um so merkwürdiger, als das Alte Testament und die nachfolgende jüdische Tradition mit Körperlichkeit und Sinnlichkeit ganz natürlich umgehen. Im Garten Eden findet sich der Mensch in seiner ganzen Leiblichkeit. Adam und Eva sind nackt und schämen sich nicht. Zusammen mit der Gegenwart Gottes machen Natürlichkeit und Einssein mit sich selbst, dem anderen und Gott den paradiesischen Zustand aus. Hier herrscht ganzheitliches Leben. Der Sündenfall hat nichts mit dem zu heftigen Ausleben sexueller Begierden zu tun. Sünde meint Selbststeigerung und Vermessenheit, den Drang zu grenzenlos übersteigertem Leben und das schuldhafte Zerbrechen liebender Beziehungen zwischen Gott und Mensch. Erst nach der Vertreibung aus dem Paradies entdeckte das erste Menschenpaar schamhaft seinen nackten Körper, die Kälte des Lebens und seine eigene Zerrissenheit. Dieser Sündenfall stellt eine Hypothek für die Leiblichkeit des Menschen dar. Jetzt müssen Menschen bewusst und verantwortlich damit umgehen und sie in Liebe gestalten. Die Liebe Gottes geht weiter und gilt gerade den Menschen jenseits von Eden, in denen die Sehnsucht nach dem Urzustand, dem Paradies vollkommener Ganzheit, nie mehr verstummen wird, auch wenn sie in den Zerreißproben des täglichen Lebens ihre Beziehung zu sich selbst, zu anderen und zu Gott aufs Spiel setzen. Dabei gilt die Zuwendung des Schöpfers immer dem ganzen Menschen aus Körper, Geist und Seele.

Auch im Neuen Testament wird diese untrennbare Einheit betont. Den Tendenzen, die Körperlichkeit zu verachten, wird massiv begegnet. Zur Menschlichkeit gehört

Pflege Körper, Seele und Geist gleichermaßen.

Leiblichkeit. Das oben erwähnte Bild des Paulus von der Kirche als einem lebendigen Organismus, in dem Fuß und Hand, Auge, Ohr und alle Organe sich gegenseitig ergänzen und deshalb geehrt werden sollen, spricht eine beredte Sprache. Das andere Bild des Paulus ergänzt diese positive Sicht: Jeder Christ ist ein Tempel des Heiligen Geistes. Darum muss er auf sich ganzheitlich Acht haben, muss Körper, Seele und Geist gleichermaßen achten und pflegen. Dass sich im Neuen Testament auch andere Spuren

161

finden, dass Ehe und Sexualität die Hochschätzung verweigert wird, liegt an der Erwartung des baldigen Weltendes und der Konzentration auf das Reich Gottes, von dem die paradiesischen Zustände von einst wieder erwartet werden.

Wir können heute wieder an die besten Traditionen anknüpfen. Unser Körper ist wie das Leben ein Geschenk, das wir dankbar annehmen können. Wir können sorgfältig und liebevoll mit ihm umgehen, seine Gesetze erkennen, unsere Verantwortung für ihn in Freiheit wahrnehmen.

Strebe nach Harmonie von Geist, Seele und Körper.

Wir werden uns hüten, Sklaven unseres Körpers zu werden. Körperkult, den jungen und schönen Körper zum Maß aller Dinge zu machen und den alten, kranken und behinderten Menschen zu verachten, ist eine moderne Form von Leibfeindlichkeit. Der gängige Glückwunsch »Hauptsache gesund!« missachtet das Wohlergehen unserer Seele und die geistige Gesundheit. Wir müssen alles tun, um die Harmonie von Geist, Seele und Körper zu erreichen. »Wir leben zwar nicht durch den Körper, aber auch nicht ohne ihn«, sagt der Arzt und Begründer der systematischen psychosomatischen Medizin, Viktor von Weizsäcker.

2. Gesundheit des Körpers

Die Gesundheit des Lebens beruht auf den Erkenntnissen, die wir in den vorangegangenen fünf Kapiteln beschrieben haben. Hieran will ich anknüpfen, wenn ich jetzt entfalte, wie wir Gesundheit erleben und zu einer neuen Vitalität gelangen können. Schon der griechische Philosoph Pythagoras beobachtete, dass die gesunde Natur überall in harmonischen Verhältnissen existiert. So befinden sich die

Planeten unseres Sonnensystems in Abständen, die immer gerade Bruchzahlen ergeben. Sie entsprechen in der Musik bestimmten Intervallen. Eine Quint, eine Quart oder eine Terz wirken auf unser Ohr und unseren Körper wohltuend. Auch die Kristalle und die Ausmaße der Pflanzen befinden sich in entsprechenden »gesunden« Verhältnissen: Die Länge des gesunden Blattes einer Pflanze lässt sich so durch seine Breite teilen, dass das Verhältnis 1 zu 3, 1 zu 4 oder 1 zu 5 entsteht. Mediziner haben erkannt, dass genau dieselben Verhältnisse in den gesunden Funktionen unseres Körpers herrschen. Atmung, Herzschlag und andere rhythmische Körperfunktionen sind genau aufeinander abgestimmt. Bei ungesunder Lebensweise, z. B. bei angespanntem, verkrampftem Sitzen während der Arbeit am Schreibtisch oder am Computer, verschieben sich diese Verhältnisse. Die Atmung wird nicht nur flacher, sondern auch langsamer, während sich der Herzschlag in der Anspannung erhöht. Dann wird das Verhältnis zwischen Atem- und Herzrhythmus plötzlich disharmonisch und beträgt etwa 1 zu 6 oder 1 zu 7. Überträgt man dieses auf die Musik, so ergibt sich ein dissonanter Zusammenklang, der unseren Ohren wehtut, so wie ein unharmonisches Verhältnis von Atem- und Herzrhythmus unserem Organismus schadet.

Bewegung nach anstrengender Arbeit ist wichtig, um die Harmonie der Körperfunktionen zurückzugewinnen. Atmen wir kräftig und im richtigen Verhältnis mit einem kräftigen Herzschlag, wird der ganze Körper durchblutet, der Einklang mit den Drüsenfunktionen hergestellt, und

Vermeide verkrampfte Körperhaltung beim Arbeiten.

wir finden wieder zur Harmonie zurück. Statt immer fest und in einer bestimmten Haltung zu sitzen, sollten wir zwischendurch Pausen machen, uns dehnen und bewegen, um dem Körper die harmonischen Funktionen zurückzugeben.

Aufmerksamkeit verdient auch die Beobachtung unseres Hungers. Echter Hunger muss unterschieden werden von einem falschen Hungeralarm. Er stellt sich ein bei übermäßigem Stress. Obwohl wir gerade gegessen haben, spüren wir wieder Hunger, der uns zum Naschen oder Essen verleitet. Es ist viel heilsamer, sich stattdessen zu bewegen und so das Hungergefühl zu überwinden. Süßigkeiten heben zwar schnell den Zuckerspiegel, führen auch dazu, dass wir uns gleich wohler fühlen, bewirken aber nur, dass neue Insulinmengen benötigt werden. Dadurch wird der

Unterbrich langes Sitzen durch leichte Bewegungen.

Blutzuckerspiegel wieder gesenkt und falscher Hungeralarm ausgelöst. Letztlich leisten wir damit dem Altersdiabetes Vorschub. Es ist viel vernünftiger, vor anstrengender

Beobachte deinen Hunger, iss kontrolliert.

geistiger Arbeit wenig zu essen und die Arbeit immer wieder durch Bewegung zu unterbrechen. So bleibt der Blutzucker auf einem normalen Pegel.

Durch Bewegung werden Stressreaktionen rechtzeitig auf natürliche Weise abgebaut, was die Inselzellen schont und leistungsstark erhält.

Zu einem gesunden Leben gehört also auf der einen Seite, dass wir während der Arbeit nicht unkontrolliert essen. Auf der anderen Seite sollten wir uns die Zeit nehmen, in Ruhe zu essen. Es steigert nur den Stress, wenn ich die Anspannung und das Tempo der Arbeit auf das Essen übertrage. Es tut gut, sich ganz auf das Essen zu konzentrieren und nicht gleich wieder an die nächste Arbeit zu denken. Wer sich selbst und seinen Tageslauf unterbricht, ordnet seine Gedanken, kontrolliert seine Emotionen, sammelt sich. Er hat die Möglichkeit, dankbar zu werden für das Essen und an die Menschen zu denken, mit denen er verbunden ist.

Ein festliches Essen ist ein Ereignis, das Freude bereitet, weil alle Sinne daran beteiligt sind. Zur sinnvollen Lebensgestaltung gehört auch die Kunst des kulinarischen Genießens. Es schafft Kommunikation, ein Gemeinschaftserlebnis und Begegnungen. Auch bei solchem Essen sollten wir auf eine leichte, vollwertige und abwechslungsreiche

Festliches Essen schafft Gemeinschaft.

Kost achten, die jede Einseitigkeit vermeidet. So wird das Essen zur besten und heilsamen Medizin und nicht zur Belastung. Zu üppiges, zu fettes oder zu süßes Essen macht

Essen und Trinken können kein Ersatz
für die Erfüllung seelischer Bedürfnisse sein.

nur voll und dick! Der Hang zu schwerer Kost hat in der Regel tiefere seelische Ursachen: Kummer, der andererseits auch zur Magersucht führen kann, Stress, Einsamkeit, Enttäuschungen. Essen und Trinken können niemals Ersatz für die Erfüllung seelischer Erwartungen sein.

Für eine gesunde Ernährung ist es wichtig, dass Kohlehydrate, Fette und Eiweiß im richtigen Verhältnis zueinander stehen: Viel vollwertige Kohlehydrate (Kartoffeln,

Ernähre dich gesund.
Achte auf leichte, ausgewogene Kost.

Brot und Reis), mäßig Eiweiß (Fisch, Fleisch und Quark), wenig Fett. Darüber hinaus muss unser Körper die unverzichtbaren Nährstoffe, also Enzyme, Vitamine, Spurenelemente, Mineralstoffe, essentielle Fettsäuren und Aminosäuren, Wasser (2–3 Liter täglich) erhalten. Diese sind erforderlich für den Gesunderhaltungsmechanismus unseres Körpers, das Immunsystem.

Während das Wunderwerk der Leber in der Lage ist, das, was wir ihr als Nahrung anbieten, je nach Bedarf umzubilden, kann die Leber Vitalstoffe nicht zur Verfügung stellen. Eine zentrale Rolle beim Stoffwechsel spielen die Enzyme. Wie wichtig sie sind, geht aus der Tatsache hervor, dass der Körper sie in großen Mengen selbst herstellt. Allerdings benötigt er dabei Grundbausteine und Nährstoffe, die in der gesunden Ernährung vorhanden sein sollten.

Ohne Enzyme wäre unser Körper nicht in der Lage, Nahrung aufzuschließen und Sauerstoff aufzunehmen. Ohne sie könnten wir unsere Muskeln nicht bewegen. Ohne sie keine Wundheilungen, keine Abwehr von Infektionen und Schadstoffen. Alle diese biochemischen Prozesse wären ohne diese »Biokatalysatoren« nicht möglich. Die biochemische Forschung kennt inzwischen über zweitausendsiebenhundert Enzyme, von denen jedes ein hoch qualifizierter Spezialist ist, mit einer spezifischen Aufgabe betraut. Ein Enzym findet sich z. B. im Speichel und trägt dazu bei, dass aus Stärke Zucker wird. Die Bauchspeicheldrüse schüttet täglich bis zu vier Liter Pankreassaft in den Zwölffingerdarm. Er enthält eine ganze Reihe wertvollster Enzyme, die die Kohlenhydrate, Fette und das Eiweiß so umwandeln, dass sie schließlich vom Blut aufgenommen werden können. Die Darmbakterien liefern Enzyme, die den Rest der bislang unverdaulichen Nahrung verarbeiten.

Wer dieses weiß, wird das Essen nicht herunterschlingen, sondern gründlich kauen. Auf diese Weise werden die

Gründliches Kauen fördert die Verdauung.

Enzyme beigemischt, die eine Umwandlung von Brot, Reis, Kartoffeln und anderen Kohlenhydraten schon im Mund beginnen lassen. Deshalb müssen wir uns beim Essen viel Zeit nehmen, Speisen nicht mit Getränken herunterspülen und nicht pausenlos während des Essens reden.

Unsere moderne Lebensweise erhöht den Bedarf z. B. an eiweißspaltenden Enzymen erheblich. Deshalb kann sich der Genuss von zu viel Fleisch und anderen eiweißhaltigen

Speisen verhängnisvoll auswirken. Hinzu kommt, dass unser Körper dieselben Enzyme, die zur Verwertung dieser Nahrung gebraucht werden, auch zur Immunabwehr benötigt. Sie sind die wichtigste Waffe des Immunsystems gegen Viren. Außerdem fallen ihnen bei Entschlackungs- und Aufräumarbeiten im Körper entscheidende Aufgaben zu. Weil unsere Nahrung heute mit Schadstoffen und Rückständen aus Düngung und Schädlingsbekämpfung belastet ist, werden mehr Enzyme gebraucht. Hinzu tritt noch die Tatsache, dass Stress die Immunabwehr schwächt.

Der Enzymmangel rührt vor allem daher, dass unsere Speisen größtenteils gekocht, gebraten, pasteurisiert und konserviert werden. Die meisten Vitamine werden schon bei Temperaturen von fünfzig Grad zerstört. Ein Apfel, der frisch vom Baum gepflückt wird, enthält wertvolle bioaktive Pflanzenstoffe. Wenn wir jung und gesund bleiben

Bevorzuge frische Nahrung, Obst und Rohkost.

wollen, müssen wir frische Nahrung, Rohkost und Obst essen, damit wir genug Enzyme herstellen können. Ihre Grundbaustoffe verlangsamen den Alterungsprozess und erhalten den Organismus gesund.

Wichtig ist, dass die Vitamine, Mineralstoffe und Spurenelemente in einem »harmonischen« Verhältnis zueinander aufgenommen werden. Es gibt nichts in der Natur, und wäre es noch so giftig oder gefährlich, das unser Kör-

Die Früchte und Pflanzen deiner Region
sind für dich am gesündesten.

per nicht in winzigen Spuren braucht. Wir nehmen es in der richtigen Dosierung zu uns, wenn wir von den Früchten und Pflanzen des Heimatbodens leben. Hermann Geesing, ein bekannter Naturarzt, benutzt in diesem Zusammenhang das Wort Heimat, »weil wir als Teil der heimat-

lichen Natur in ihr am besten das finden, was wir benöti-
gen. Und zwar in den richtigen, benötigten Mengen«.
Schon Paracelsus empfahl vor fünfhundert Jahren: »Wer
sich krank oder elend fühlt, der sollte in seine Heimat zu-
rückkehren. Dort, im Boden, in den Quellen, in der Luft,
in den Früchten, findet er genau das, was er braucht und
woran er angepasst ist, denn er stammt ja selbst aus diesem Boden.« Leider ist dieses Rezept heute nur noch sehr
bedingt gültig. Wir haben die Natur geplündert. Früchte
und Gemüse sehen zwar noch aus wie früher, vielleicht sogar schöner und größer. Aber mit dem, was unsere Eltern
und Großeltern ernteten, haben sie kaum noch etwas ge-
mein. Die Ackerböden haben keine Zeit mehr, sich zu rege-
nerieren. Die Früchte reifen unter Zeitdruck und künstlichen Bedingungen, so dass sie gar keine Möglichkeit haben, ausreichend Vitalstoffe aufzunehmen. Die Versorgung unseres Körpers mit essentiellen Nährstoffen, Vi-
taminen, Spurenelementen und Mineralstoffen ist selbst
bei reinster Rohkost nicht mehr gewährleistet. Deshalb
kommen wir oft nicht ohne zielgerichtete Ergänzung der
Speisen durch die genannten Stoffe aus.

3. Wir sind für unsere Gesundheit selbst verantwortlich

Immer wichtiger wird es, dass wir uns um Einklang mit
der Natur bemühen. Schon Hippokrates, der Vater der Medizin, hat vor mehr als zweitausend Jahren auf die zwei
Wege der Heilkunst hingewiesen: »Der erste bemüht sich
um die Erhaltung der Gesundheit. Der zweite versucht,
die verlorene Gesundheit wiederzugewinnen.« Es versteht
sich von selbst, dass der erste wichtiger ist und vor dem
zweiten begangen werden muss. Wir müssen alles daransetzen, gar nicht erst krank zu werden, sondern gesund zu
bleiben. Die Anregungen in diesem Kapitel dienen der Vor-

beugung von Krankheiten. Es wäre wünschenswert, dass es mehr »Gesundheitsärzte« als Heilungsärzte und Therapeuten gibt. Mit den heutigen Methoden und Mitteln der Untersuchungen, Messungen und Beratung sind viele Krankheiten zu vermeiden. Ein Gesundheitsarzt ist ein Mediziner, der nicht nur unseren Körper und seine Schwachstellen kennt. Er muss zugleich Seelsorger in der

Ein guter Arzt ist zugleich Seelsorger.

direkteren Bedeutung dieses Wortes sein und um die Zusammenhänge zwischen körperlichen und seelischen Störungen wissen. Er muss helfen, Seelenschmerzen zu erkennen, Leid zu bewältigen und heilsame Freude zu entdecken. Er muss uns vor krankmachendem, übersteigertem Ehrgeiz ebenso warnen wie vor gefährlichem Stress, zerstörerischen Sorgen und Ängsten. Er muss uns davon abhalten, dass wir aus uns unbewussten Motiven in die Krankheit flüchten. Und wir müssen uns öffnen für die Erkenntnis, dass alle ärztliche Kunst machtlos ist, solange wir nicht selbst das Unsere dafür tun, aktiv gesund zu bleiben oder wieder zu werden. Wir selbst sind verantwortlich für unseren Körper und unsere Gesundheit. Viel

Du bist für deine Gesundheit selbst verantwortlich.

zu häufig und viel zu viel wird die eigene Verantwortung auf die Ärzte, die Krankenkassen und das Gesundheitssystem des Staates abgeschoben. Das fördert nur das falsche Verständnis vom Arzt als Reparateur einer kaputten Maschine und reduziert die medizinische Heilkunst auf ein hochspezialisiertes Handwerk.

Gesundheitsärzte und vor allem unser eigenes Gesundheitsbewusstsein müssen uns zu einer natürlichen Lebensweise führen. Dazu gehört, dass wir Warnsignale wie Schmerzen oder Schwindel nicht ignorieren, sondern nach den Ursachen fragen. Dabei genügt es nicht, nur nach kör-

perlichen Symptomen zu forschen. Selbstkritisch müssen
wir uns prüfen, ob und wo seelische Belastungen und
Überforderungen sich körperlich niederschlagen.

Achte auf die Signale deines Körpers.

Wir dürfen auch nicht bei jeder kleinen gesundheitli-
chen Störung harte Medikamente nehmen. Es ist viel
wichtiger und sinnvoller, dass der Körper selber und mit
seinen natürlichen Mitteln das stabile Gleichgewicht der
Kräfte aufrechterhält und Krankheiten durch sein eigenes
Abwehrsystem überwindet. Die Zeit der aggressiven me-

Vorbeugen ist besser als heilen.

dikamentösen Behandlung sollte genauso vorbei sein wie
die Zeit des Giftsprühens in der Umwelt. Gesundheitstrai-
ning und vorbeugende Maßnahmen sollten so selbstverständlich werden, dass die Krankenkassen in »Gesund-
heitskassen« umbenannt werden könnten. Die Vorschläge
im Rahmen der Gesundheitsreformen, die gesunde Lebensweise von Versicherten bei der Prämiengestaltung zu
berücksichtigen, gehen in die richtige Richtung.

Die Weltgesundheitsorganisation der UNO definiert Gesundheit als den Zustand des völligen körperlichen, seelischen und sozialen Wohlbefindens.

Gesundheit in diesem umfassenden Sinn mit ihrem für
jeden Menschen gültigen Höchstmaß sollte eines der
wichtigsten Grundrechte werden. Dem muss auf der anderen Seite – wie immer bei gewährten Rechten – unsere
Grundpflicht entsprechen. Unser eigener Umgang mit unserer Gesundheit in den drei Dimensionen von körperlichem, seelischem und sozialem Wohlbefinden ist wesentlich für ein sinnerfülltes Leben. Hierzu gehört das Gefühl,
gebraucht zu werden und Verantwortung für andere zu
haben. Ohne solche Gesundheit keine Lust aufs Leben,
keine Freude am Leben, keine Kraft zum Leben!

Unser wahrer Arzt lebt in uns. Das ist unser körpereigenes Abwehrsystem, das schon erwähnte Immunsystem.

Dein wahrer Arzt lebt in dir.

Es funktioniert nur richtig, wenn Geist, Seele und Körper in einem harmonischen Verhältnis miteinander leben. Zu dieser Harmonie kann die Musik wesentlich beitragen, wie die Ergebnisse eines schweizerisch-deutschen Forschungsprojektes »Musiktherapie in der Inneren Medizin« zeigen.

Die besten Vorbeugungsmaßnahmen gegen Krankheiten liegen darin, das psychosomatische Gleichgewicht herzustellen. Das kann jeder auf seine Weise leisten: durch aktiven Umgang mit Musik, durch die Pflege von guten und

Musik hilft dir, das psychosomatische Gleichgewicht herzustellen.

tragfähigen Beziehungen zu anderen, durch Freude an der Natur und an der Kunst, durch bewusstes, freundliches Umgehen mit sich selbst, durch die Kunst der Lebensgestaltung, wie wir sie in den bisherigen Kapiteln beschrieben haben.

Wer positiv denkt, bleibt jung und gesund. Von einer positiven Einstellung gehen Selbstheilungskräfte aus, die weit mehr bewirken können als so manche Medikamente. Dazu gehören Kenntnisse und Einsichten, die uns unser

Denke positiv, und du bleibst jung und gesund.

Körper vermittelt. Ärger und Überdruss können zu Magengeschwüren führen. Virusinfektionen stellen sich häufig in Augenblicken seelischer Niedergeschlagenheit ein. Viele Erkältungskrankheiten haben nichts mit Kälte zu tun. Ihre Ursachen liegen in seelischen Verstimmungen. Die Redewendungen »Ich bin verschnupft«, »Ich habe die Nase voll« weisen in ihrer Doppeldeutigkeit darauf

171

hin. Wenden wir diese Erkenntnisse ins Positive und ziehen wir daraus Schlüsse für ein gesünderes Leben, dann wappnen wir uns selbst gegen Erkrankungen und Anfälligkeiten.

Neueste Ergebnisse der »Psychoneuroimmunologie« besagen, dass unser Immunsystem über direkte Leitungen des Nervensystems mit unserem Gehirn verbunden ist. Jeder bewusste positive Gedanke wird umgehend an das Abwehrsystem weitergeleitet mit der Aufforderung, aktiv zu werden und die Gesundheit zu sichern. Umgekehrt lähmt

Mobilisiere deine körpereigenen Heilkräfte
durch eine positive Einstellung.

jeder negative Gedanke, jede Regung der Resignation oder Verzweiflung augenblicklich die Immunbereitschaft durch das Signal »Es hat doch alles keinen Sinn! Gib auf!« Hier liegt der tiefere Grund dafür, dass in vielen Fällen alle ärztliche Kunst erfolglos bleibt. Wenn der Patient die Hoffnung auf Heilung oder ein neues Leben bereits aufgegeben hat, werden die körpereigenen Heilkräfte blockiert. Niemand kann uns helfen, wenn uns eigene Aktivität und starker Wille fehlen.

Das ist meine Erfahrung vor allem in der Begleitung Suchtkranker, Depressiver und der Menschen, die in ihrem Selbstwertgefühl gestört sind. Alle gut gemeinte Hilfe, Fürsorge und Liebe ist vergeblich, wenn im Gegenüber die Eigeninitiative nicht zu wachsen anfängt. Mehr als Hilfe zur Selbsthilfe kann Hilfe nie sein, weder bei seelischen noch bei körperlichen Krankheiten.

4. Körperliche Gesundheit im Zusammenhang von Geist und Seele

»Vorbeugen ist besser als heilen.« Diese Maxime beinhaltet, dass wir täglich unseren Geist und unseren Körper bewegen, bewusst und aktiv trainieren. Die Regie übernimmt dabei der Geist. Er gibt dem Körper die »Befehle«, nimmt seine Bedürfnisse, seine Schwächen und seine Belastbarkeit wahr, legt den täglichen Trainingsplan fest. Er wacht darüber, dass alle unsere Aktivitäten im Dreieck von Körper, Seele und Geist austariert bleiben. Wird das Heil allein von körperlicher Fitness, vom täglichen oder wöchentlichen Laufpensum erwartet, wird er korrigierend eingreifen und sagen: »Du brauchst in einem gesunden Körper einen gesunden Geist.« Wird die geistige Beschäftigung über alles gesetzt und der Körper vernachlässigt, wird der seine Bedürfnisse melden. Wir werden dann mit dem Kopf sensibel reagieren und unserem Leib das geben, was er braucht. Wird die Seele kurzatmig oder abgehängt, müssen Geist und Körper ihr Tempo verlangsamen und sich der Seele zuwenden.

Wenn wir im Dreieck von Geist, Seele und Körper bewusst leben, können wir viel tun, um den Alterungsvorgang zu verlangsamen. Es gibt den wohlklingenden Slogan: »Zwanzig Jahre 50 bleiben!« (Eine CD mit diesem Titel von Hermann Raue und Gerd Schnack leitet an zu Bewegungsübungen mit entsprechender Musik.) Wie alles programmatisch Gesagte müssen wir das selbst umsetzen, auf uns beziehen und das Unsere dafür auch wirklich tun. »Es gibt nichts Gutes, außer man tut es«, hat Erich Kästner treffend gesagt.

Der Sport- und Musikmediziner Gerd Schnack formuliert zehn Gesundheitsgebote:

1. Laufe viel, stärke Herz und Beine.
2. Schaff dir einen langen Atem durch Atemtraining.
3. Sitz gerade, stärke Rücken und Muskulatur.

4. Bleib elastisch bis ins hohe Alter.
5. Betreibe tägliches Gehirntraining.
6. Härte deine Knochen.
7. Stärke das Immunsystem.
8. Sorge für Stressausgleich.
9. Ernähre dich ausgewogen.
10. Rauche nicht, schränke Genussmittel ein.

Gerd Schnack legt großen Wert darauf, dass seine zehn Gebote nicht nur einseitig der körperlichen Ertüchtigung dienen. Sich gesund zu erhalten ist ein geistig-seelisch-körperlicher Prozess. In seinem Kommentar zu den zehn Gesundheitsgeboten weist er dem Geist die Führungsrolle zu. Er zitiert das biblische Wort »Der Geist ist willig, das Fleisch ist schwach.« Das klingt sehr anders als die Slogans der Jogging- und Trimm-Wellen. Sie suggerieren, wir könnten uns allein durch regelmäßige Lauf- und Muskelübungen jung und gesund erhalten. Sie versprechen Wunder und Erfolge für das »schwache Fleisch« und sehen dabei von dem Wechselspiel zwischen Körper, Seele und Geist ab. Solche Einseitigkeit führt zu einem hohlen Körperkult, hat aber nichts mit einer hochstehenden Kultur zu tun.

Mir fällt auf, dass auch in anderen Gesundheitsregeln dieser ganzheitliche Ansatz entfaltet wird. Das führt weiter. Wo Regeln für eine bessere Körperhaltung aufgestellt werden, wird die Wirkung gesünderer Haltung auf unser

Halte dich gerade. Das richtet dich innerlich auf.

geistiges Befinden betont. Wenn wir ein hohles Kreuz haben und unsere Muskeln erschlaffen, wenn wir den Kopf hängen lassen und unsere Wirbelsäule krümmen, brauchen wir uns nicht zu wundern, wenn wir matt und krank werden an Körper, Seele und Geist. Deshalb der Rat: Nimm eine aufrechte körperliche Haltung ein. Sie wird sich unmittelbar auf deine innere, deine geistige und seelische Haltung auswirken.

In der Zeitschrift »Crescendo« fand ich zehn Tipps zur praktischen Anwendung dieser ganzheitlichen Lebenseinstellung. Der zweite Ratschlag empfiehlt uns, das nervlich-seelische Gleichgewicht zu suchen. Priorität hat dabei

Suche Entspannung auf meditativen Spaziergängen.

die geistliche Dimension. Vorgeschlagen wird, über das einladende Wort Jesu zu meditieren: »Kommt her zu mir alle, die ihr mühselig und beladen seid. Ich will euch erquicken.« Das wird konkretisiert: »Auf einem Gebetsspaziergang Entspannung suchen. Sich loslassen. Alles in Gottes Hände legen.« Darauf folgt der dritte Gesundheitstipp: »Regelmäßig Sport treiben: zwei- bis dreimal wöchentlich mindestens zwanzig Minuten schwimmen, joggen, spazieren gehen.« Es schließen sich ganz natürlich weitere einfache und praktische Vorschläge an über ausreichenden Schlaf (sieben bis acht Stunden pro Nacht), die Kontrolle der Matratze und die Anweisung, ein nicht zu weiches Kopfkissen zur Stützung des Kopfes und zur Entspannung des Hals- und Nackenbereiches zu verwenden.

Wo wir uns wie selbstverständlich im Dreiecksverhältnis von Geist, Seele und Körper bewegen, tun wir uns Gutes und bleiben geistig und körperlich jung.

Zur Gesundheit im Alter gehört die Fähigkeit, auch bei eingeschränkter körperlicher Gesundheit und alters- oder krankheitsbedingter Behinderung die verbliebenen Möglichkeiten der Lebensgestaltung voll zu nutzen. Durch

Bringe deine Ansprüche mit deinen Einschränkungen zusammen.

meine Begegnungen mit körperlich Behinderten weiß ich, wie stark sie sich auf ihre geistigen Kräfte konzentrieren und welche Willenskräfte sie entfalten können. Ich denke an eine MS-kranke Frau, mit der ich zusammen einen MS-Club gegründet habe. Sie leitete ihn, stand in täglichem Telefonkontakt mit den anderen MS-Kranken. Sie beschäftigte sich mit Literatur und Musik, was sie früher nie getan hatte, machte Pläne, organisierte Ausflüge und Feste, wurde zur Initiatorin weiterer Clubs. Und das alles bis in ihre letzten Lebenstage. Sie lebte erfüllt und glücklich trotz aller Einschränkungen.

Wesentlich für die Erhaltung der Gesundheit im Alter ist auch »Zähigkeit«. Gemeint ist damit die Fähigkeit, Schicksalsschläge, Krankheiten und den Tod naher Menschen zu verkraften und anzunehmen. Es erfordert die an-

Schicksalsschläge lassen dich wachsen.

strengende Arbeit der Seele, zu verstehen, dass Misserfolge, Rückschläge, Verluste und Niederschläge im tiefsten eine »selbstverständliche« Zugabe zum Leben sind, durch die wir wachsen und reifen. Für mich gehört diese Fähigkeit und diese Kraft zur Weisheit des Alters.

5. Leben contra Stress

Stress kann ein Lebenselixier sein. Wenn wir uns anstrengen und alle Kräfte in uns mobilisieren, Erfolgserlebnisse haben und von anderen anerkannt werden, dann tut das Geist, Seele und Körper gut. Wir fühlen uns wohl und sind zufrieden, weil sich die Anstrengungen gelohnt haben. Immer kommt es auf die richtige Dosierung unserer Leistungskräfte an. Übersteigerter Ehrgeiz, maßloser Egoismus, die Sucht, immer erster, nur oben, ständig aktiv und rastlos zu sein, Neid als Triebfeder, nicht bewältigte Angst – das alles führt zur Überdosierung von Stress, der Gift ist für ein gesundes Leben. Die Menge macht das Gift aus: Kleine Reize wirken förderlich, mittlere Reize stören, große Reize lähmen. Daueranspannung und der Verlust an Beweglichkeit sind die Antwort auf ein Überangebot an

Stress. Die Überdosierung des Stress ist zum Gesundheits-killer Nummer eins in unserer Zeit geworden.

Wir müssen die negativen Wirkungen des Stress auf unseren Körper kennen. Sie betreffen unser Herzkreislauf-system, unser Nerven-, Muskel- und Gelenksystem.

Stress löst über eine gezielte Hormonsteuerung durch Adrenalin eine bewegungsbetonte Alarmanlage aus. Alle

Vermeide krankmachenden Stress.

Mechanismen im Organismus werden auf Aktivität pro-grammiert. Dem Bewegungssystem der Muskeln wird dann ein Höchstmaß an Energie zur Verfügung gestellt. Auch die anderen genannten Systeme unseres Körpers werden gezwungen, ständig »Volllast« zu fahren und Welt-rekorde zu vollbringen. Bewegen wir uns zu wenig oder zu verkrampft, wird die in unserem Körper programmierte Bewegung empfindlich gestört. Wenn sich Stress und Be-wegungsmangel verbinden, verbünden sie sich gegen uns selbst. Folgen solcher Kombination sind z. B. der Herzin-farkt und der Schlaganfall. Beide Krankheiten beruhen auf der mangelnden Elastizität der Blutgefäße. Diese werden dann starr und unbeweglich und reagieren auf die Druck-steigerung des Herzens nicht mehr elastisch und ausgleich-end. Flexible und anpassungsfähige Arterien können un-

Erhalte die Beweglichkeit deiner Muskulatur.

sere Organe und Zellen jederzeit optimal mit Sauerstoff und Energie versorgen. Hieran müssen wir uns orientie-ren, müssen mit entsprechenden Übungen die Elastizität der Muskulatur, des Stütz- und Bewegungsapparates und die Flexibilität der Arterien auf Dauer erhalten. Hierzu sind Übungen mit einem kontinuierlichen Wechselspiel zwischen Anspannung und Entspannung sehr wichtig. Anspannung und Entspannung im rhythmischen Wechsel des Herzmotors und der Muskulatur garantieren die optimale Versorgung aller Zellen mit Sauerstoff. Ohne Sauerstoff sterben sie ab. Gerät das Verhältnis von Anspannung und Entspannung aus den Fugen, ist nicht nur unsere Gesundheit gefährdet, sondern steht unser Leben auf dem Spiel.

6. Musik gegen Stress

Musik, gezielt angewendet, kann uns helfen, uns zu entspannen und zu lockern. Stress muss durch Bewegung abgebaut werden. Rhythmische Bewegungen, aktives Musizieren und Tanzen sind natürliche Mittel zum Abbau von krankmachendem Stress.

Zu den entspannenden, »meditativen« Melodien gehören gregorianische Gesänge genauso wie Spirituals und Gospels, z. B. »Swing low« und »Nobody knows«. Bei meinen Untersuchungen bin ich auch auf eine Reihe bekannter Volkslieder gestoßen, von denen eine lösende und befreiende Wirkung ausgeht. Sie beruht auf dem ausgewogenen Verhältnis von Spannung und Entspannung. Beim Singen und Hören spüren wir, dass uns dieses Maß gut tut und wir uns wohlfühlen.*

Musik kann nicht nur entspannen, sie bringt auch in Bewegung. Sie wirkt antriebsfördernd und motivierend.

---

* Für die Freunde klassischer und barocker Musik gibt es eine Fülle entspannender Musikstücke, die ich in der CD-Reihe »Leben mit Liebe und Lust« herausgegeben und erläutert habe. In meinem Buch »Musik hilft heilen« habe ich diese Werke und viele andere untersucht. Auch Evergreens der Pop-Musik wie »Moon River« von Henry Mancini und »Yesterday« von den Beatles gehören zu den beruhigenden Musikstücken, die ausgleichend wirken und unseren natürlichen Rhythmus wiederherstellen.

Das zeigen alltägliche Beobachtungen ebenso wie medizinische und musiktherapeutische Forschungen zur Wirkung von Musik. Das Beispiel des Schlaganfallpatienten, das ich oben geschildert habe, spricht eine deutliche Sprache. Musik macht munter! Das zeigt sich in deutlich zu beobachtenden körperlichen Reaktionen.

Musik macht munter, beugt vor und heilt.

Dass Musik auch die Seele motiviert und beflügelt, ist bekannt. Wer auf den Zusammenhang von Körper und Seele achtet, entdeckt beim gezielten Einsatz von Musik in der Therapie eine Wechselwirkung von psychischer Motivation und körperlichem Antrieb.*

Ein erprobtes Mittel zum Abbau von Stress ist der Tanz. Tanz ist mehr als Bewegung und sportliche Aktivität, als anstrengendes oder belastendes Funktionstraining für den Körper. Im Tanz schulen wir unsere gesamte geistige, seelische und körperliche Beweglichkeit. In Verbindung mit unserem Gehör wird der Gleichgewichtssinn gestärkt und die Flexibilität des Geistes und des Körpers erhöht. Tanzend beeinflussen wir unsere körperlichen Rhythmen, regen sie an und balancieren sie aus. Dem Einfluss von Bewegung kann sich unser vegetatives Nervensystem nicht entziehen.

Tanzen wirkt auch auf den Geist. In einer alten Legende aus Frankreich wird von einem Gaukler erzählt, der des Herumreisens und seines unsteten Lebens müde geworden

---

* Die CD-Reihe »Leben mit Liebe und Lust« enthält eine Fülle von Beispielen für motivierende Instrumentalmusik. Die Wirkung dieser Musikstücke habe ich in den verschiedensten Lebenssituationen und bei unterschiedlichen Gelegenheiten erprobt. Die Einzeltitel sprechen für sich: »Bach bringt in Bewegung«, »Mozart motiviert«, »Tänze als Therapie«.

war. Er trat in ein Kloster ein. Täglich nahm er an den Gebeten der Brüder teil. Aber er konnte nicht recht beten und

Tanzen hält fit und gesund.

wurde immer unglücklicher. Eines Morgens blieb er dem Gebet fern, nahm sein Gauklerkostüm und suchte sich einen der hintersten Räume. Er kleidete sich wieder als Gaukler und begann zu tanzen. Immer größer wurden seine Bewegungen, immer höher seine Sprünge, bis er ganz außer Atem war. Ein Bruder war ihm heimlich gefolgt und beobachtete ihn durchs Fenster. Am nächsten Morgen wurde der Gauklerbruder zum Abt gerufen. Er warf sich vor ihm auf die Knie, bat um Vergebung für seine Sünde und sagte zu dem Abt, dass er wieder auf die Straße gehen wolle. Der aber antwortete ihm: »Du hast mit deinen Bewegungen Gott gelobt. Du hast ihn mehr gepriesen als wir mit unseren dürftigen Worten.« Dann beugte er sich zu ihm herab, richtete ihn auf und küsste ihn.

Tanzen ist Ausdruck tiefster Lebensfreude und Bewegung mit allen Sinnen. Es befreit aus Unbeweglichkeit und Starre. In den letzten Jahren hat der Seniorentanz viele Freunde gefunden. Überall finden sich Gruppen, die die heilsame Wirkung des Tanzens erfahren. Nachweislich werden durch Tanzen gerade bei älteren Menschen eingefahrene Bewegungsmuster verändert und verjüngt. Das beugt einer Tendenz vor, die wir als Gefahr beim Älterwerden erkennen: Ältere Menschen neigen dazu, sich zur Ruhe zu setzen, bequem und manchmal auch »stur und starr« zu werden. Tanzen vermindert und verhindert solche einseitigen Tendenzen und Gefahren.

Inzwischen wird der Tanz auch zur Therapie eingesetzt.[*]

_____

[*] Vgl. die CD »Tänze als Therapie« der Reihe »Leben mit Liebe und Lust«.

7. Im Geist jung bleiben

Das wirksamste Mittel, jung und gesund zu bleiben, liegt im geistigen Training. Immer noch müssen wir gegen das

Trainiere deine geistige Beweglichkeit:
Instrumentalspiel ist eine ideale Form
des »Gehirn-Jogging« als Gedächtnistraining.

Vorurteil kämpfen, dass ältere Menschen nichts mehr lernen können und geistig zum »alten Eisen« gehören.

Unser Unterbewusstsein wird so wenig alt wie unsere geistig-seelischen Fähigkeiten, wie Geduld, Güte, Wahrheitsliebe, Demut, Hilfsbereitschaft und Nächstenliebe. Geistige Lebendigkeit bleibt bis zum letzten Atemzug grundsätzlich vorhanden und möglich. Wir müssen sie nur trainieren, weiterentwickeln und konsequent anwenden. Dann bleiben wir im Geiste jung.

Dazu dient auch das Gedächtnistraining, in dem das Gedächtnis spielend trainiert wird. Das geschieht in Gruppen unter Anleitung. Ohne Leistungsdruck und Konkurrenz wird Resignation rückgängig gemacht. Sie ist häufig Ursache für ein schwaches Gedächtnis und tritt öfter auf als Krankheiten, die das Gehirn zerstören. Das Gehirn wird durch das Training so angeregt, dass auch alle anderen Organe arbeiten. Das Interesse an sich selbst und an der Welt wird wieder lebendig, Anregungen zur Sinngebung des Lebens werden vermittelt.

»Jeder Mensch ist so jung, wie er sich fühlt.« Das ist keineswegs ein trivialer Satz und Allgemeinplatz. Diese Erkenntnis haben viele junggebliebene ältere Menschen selbst gewonnen. Es wird immer wichtiger, in der dritten Lebensphase sich selbst aktiv zu betätigen und die vielen Angebote zur Aus- und Weiterbildung zu nutzen. Besonders empfehlenswert sind die Möglichkeiten im künstlerischen Bereich. In ihnen trainieren wir ganzheitlich, regen

Geist, Seele und Körper zugleich an und beugen jeder einseitigen Lebensgestaltung vor. Aus der Musiktherapie

Lebenslanges Lernen hält jung.

weiß ich, dass das Spielen von Instrumenten bis ins hohe Alter erstaunliche Wirkungen hat. Es erhält die geistige Beweglichkeit, weil es einen direkten Zusammenhang zwischen der Motorik unserer Bewegungen und entsprechenden Funktionen in unserem Gehirn herstellt. Es gibt keine so differenzierte Motorik im Sinne der Feinmotorik wie beim Instrumentalspiel. Es ist nie zu spät zum Musizieren auf einem Instrument. Auch hier gilt der bekannte Satz Gorbatschows: »Wer zu spät kommt (oder sich aufrafft, aufwacht, aufmerksam wird), den bestraft das Leben!«

8. Begeisterung hält jung

Wer sich begeistern kann, hat nicht nur mehr vom Leben, sondern bleibt jung und gesund. Was ich oben im fünften Kapitel über Begeisterung und die Kraft der Selbstbegeisterung gesagt habe, trifft auch für das Leben im Alter zu. Das, was uns wichtig ist, können wir mit konzentrierter Energie und einer zielgerichteten Konzentration tun. Ältere Menschen sind befreit von vielen beruflichen und privaten Zwängen früherer Jahre. Sie können freier wählen, was sie tun und brauchen. Sie können das Gewählte bewusster und intensiver tun. Mit Lust und Freude können sie sich besser konzentrieren als in jungen Jahren. Wer sich begeistert, bleibt geistig beweglich, schärft seine Aufmerksamkeit, verbessert sein Gedächtnis, sein Denk- und Kombinationsvermögen. Andererseits verschafft uns Begeisterung Glücksgefühle, aber auch Seelenruhe, Freude an schönen Dingen und an dem, was uns selbst gelungen ist. Eine große Chance liegt darin, sehr bewusst das auszuwählen und zu tun, was einen glücklich und zufrieden macht. Niemand ist verpflichtet, sich selbst unglücklich zu machen! Die Kunst, manches zu lassen, vorhersehbaren Ärger und unnötige Belastungen zu vermeiden, ist Teil der Lebenskunst gerade im Alter.

Wir wissen, dass Begeisterung auch körperliche Auswirkungen hat. Sie hilft bei der Verdauung, verbessert den Stoffwechsel, verhindert nervöse Spannung, verbessert die Muskelkraft, regt Herz und Kreislauf an, steigert die Hormontätigkeit. Sie weckt die Sinne auf und schafft körper-

Begeisterung schafft Lebensenergie.

liches Wohlbefinden. Der eigentliche Beweggrund für unsere Begeisterung aber liegt in unserer positiven Einstellung. Um sie müssen wir uns mühen. Begeisterung braucht täglich neue Nahrung wie der Mensch das tägliche Brot: Erfahrungen mit guten Begegnungen, Freude an schönen Dingen, guten Worten, glücklichen Beziehungen, an der Schönheit der Natur, an der Kunst und an der Liebe. Hoffnung und Glaube vermitteln uns positive Botschaften, auf die unser Körper unmittelbar und positiv reagiert. Tun wir alles, damit unsere Hoffnung sich weit ausstreckt und unser Glaube uns ganz erfüllt! Dann verstärken sich unsere Lebensenergien, dann bleiben wir beweglich und begeisterungsfähig, dem Leben und den Menschen zugewandt.

Loslassen und gewinnen

1. Wer loslässt, gewinnt

 Leben ist eine Leihgabe auf Zeit. Es umgreift die Spanne zwischen Geburt und Tod. Nirgends wird das deutlicher als auf einem Friedhof. Du stehst vor Grabsteinen und liest Eigennamen und Familiennamen, Geburts- und Todesdaten. Am eindrücklichsten habe ich auf deutschen Soldatenfriedhöfen in Frankreich erlebt, dass der Tod ohne Unterschied jedes menschliche Leben

Leben ist eine Leihgabe auf Zeit.

begrenzt. Ein Meer von Kränzen überschaute ich, alle gleich gestaltet, alle nur mit Namen, Anfangs- und Enddaten beschriftet.

Wanderer durch die Zeit sind wir, die uns zugemessen ist. Pilger, die unterwegs sind, sagte man früher, von Ort zu Ort gehend, ohne je ganz zu Hause zu sein. Geprägt von der Ahnung, von dem in uns schlummernden Wissen: Wir haben hier keine bleibende Heimstatt. Nichts ist beständiger als der Wechsel. Ob wir wollen oder nicht: Wir

Wir leben zwischen Abschied und Aufbruch.

leben immer zwischen Abschied und Aufbruch, stehen ständig an Ufern, schauen zurück und nach drüben, werden festgehalten und zugleich fortgezogen, wollen bleiben im Vertrauten und müssen doch hinüber ans jenseitige Ufer. Wir können nicht zweimal in denselben Fluss steigen, sagt Heraklit. Es gibt im Leben keine Rückkehr an denselben Ort.

Alles hat seine Zeit. Es ist wichtig, sich das bewusst zu machen. Solches Bewusstsein verhindert, dass ich blindlings in den Tag hinein- und draufloslebe nach der Devise »Lasst uns essen und trinken (arbeiten und genießen), denn morgen sind wir tot!« Es bewahrt mich davor, zu resignieren, aber auch zu verdrängen, was mir zugemutet wird: die Ortswechsel, das Leben in Tälern und auf Höhen, das Stehen auf Schwellen, das mich herausfordert,

Alles hat seine Zeit.

mich in Frage stellt, mir Entscheidungen darüber abverlangt, was ich will und was ich nicht will, was ich kann und was ich nicht (mehr) kann.

Alles hat seine Zeit. Einer der klarsten und eindrücklichsten Texte zum Wechsel und Wandel in unserem Leben findet sich im Prediger Salomo im dritten Kapitel:

»Ein jegliches hat seine Zeit, und alles Vorhaben unter dem Himmel hat seine Stunde: geboren werden hat seine Zeit, sterben hat seine Zeit; pflanzen hat seine Zeit, ausreißen, was gepflanzt ist, hat seine Zeit; töten hat seine Zeit, heilen hat seine Zeit; abbrechen hat seine Zeit, aufbauen hat seine Zeit; weinen hat seine Zeit, lachen hat seine Zeit; klagen hat seine Zeit, tanzen hat seine Zeit,... suchen hat seine Zeit, verlieren hat seine Zeit; behalten hat seine Zeit, wegwerfen hat seine Zeit; zerreißen hat seine Zeit, zunähen hat seine Zeit; schweigen hat seine Zeit, reden hat seine Zeit; lieben hat seine Zeit, hassen hat seine Zeit; Streit hat seine Zeit, Frieden hat seine Zeit.«

Das klingt sehr nüchtern, scheint einleuchtend und klar zu sein. Aber es selber zu beherzigen, zu erkennen, was jeweils »dran« ist, uns gar zu öffnen dafür, dass auf Streiten Friede folgt, auf Hassen Liebe, auf Weinen und Klagen Freude, das fällt jedem Menschen schwer. Wir leben mit allen Sinnen ganz in den Zeiten entweder des Aufbauens, des Gelingens oder der Trauer, des Verlierens und der Hoffnungslosigkeit. Darum lassen wir uns in den dunklen Phasen durch den Hinweis auf das Ende dieser Zeit und den kommenden Wechsel kaum in unserem Lebensgefühl beeinflussen.

Wir alle wollen festhalten und können nur schwer loslassen. Wir haben Mühe damit, das Leben in die Veränderung hinein freizugeben. Letztlich wollen wir nicht akzep-

Vorstellungen legen dich fest – überprüfe sie.

tieren, dass wir Gäste sind auf dieser Welt, Wanderer durch diese Welt, Menschen vor Grenzen. Jeder hängt an seinem Lebensentwurf, will sein Leben selbst gestalten und in den Griff bekommen. Jeder will frei und unabhängig sein. Das macht uns stark. Aber es kann uns auch starr und unbeweglich machen.

Wir halten fest an unseren Ideen, die wir entwickelt haben. Wir haben Lebensträume, Bilder im Kopf und feste Vorstellungen, die nicht ins Wanken geraten dürfen.

Menschen sind nicht dein Besitz – gib sie frei.

Ich kenne Mütter und Väter, die ihre Kinder wie einen Besitz ansehen. Sie können sich nicht öffnen dafür, dass ihre Tochter oder ihr Sohn eigenständige Persönlichkeiten

Sei bereit, in der Lebensmitte ein zweites Leben zu beginnen.

sind, die zwar durch sie als Eltern kommen, aber nicht von ihnen. Kinder gehören uns nicht. Und doch versuchen viele Eltern, ihre Kinder sich gleich zu machen oder nach ihren Vorstellungen zu formen. Sie nabeln sich selbst nicht ab, entlassen sie nicht in ihre eigene Freiheit. Indem sie die Kinder festhalten wollen, bringen sie sich selbst um die Chance, in der Lebensmitte ein zweites, freieres Leben zu beginnen, in dem sie selbst unabhängiger sind und dadurch bereichert werden, dass sich Eltern und Kinder auf einer neuen Basis begegnen.

Ich kenne andererseits Menschen, die haben sich nicht von ihrer Mutter oder ihrem Vater abgenabelt. Das Muttersöhnchen ist bekannt, das sich eine Frau sucht nach seinem Bild von der eigenen Mutter. Die Tochter, die sich mehr zu ihrem Vater oder dem vertrauten Elternhaus hingezogen fühlt als zu ihrem Mann, entspricht dem Muttersöhnchen.

Neuanfänge muss es nicht nur im familiären Bereich geben. Auch unsere Einstellung müssen wir ständig überprüfen und eventuell revidieren.

Es gibt Menschen, die dauernd sagen, man müsste, man sollte, man könnte dieses oder jenes ändern. Sie entwickeln Ideen, wie man moralischer und anständiger leben sollte. Sie schimpfen auf die schlechte Politik und die unglaubwürdigen Politiker, reden sehr allgemein von der Menschheit und machen Weltverbesserungsprogramme. Aber sie sagen nie »Ich«, nie »Ich will«, »Ich kann«, »Ich möchte mich ändern«. Sie halten Reden, aber in ihnen schwingt keine eigene Betroffenheit mit, es ist nicht Arbeit an der eigenen Person. Diese mangelnde Bereitschaft, neu anzufangen, drückt sich auch in den Werturteilen aus, die wir vertreten.

Ich bin immer skeptisch, wenn Menschen hohe moralische Postulate herausschleudern: »Wir müssen die alten Tugenden wie Pflicht, Ordnung und Disziplin wieder beleben!« Wenn Normen wie ein ehernes Gesetz verkündet werden, wenn Abtreibung als Mord gebrandmarkt wird, wenn die Jugend von heute als aufsässig, die Arbeitslosen als faul, die Ausländer als störendes Gesindel bezeichnet

Lass dich nicht durch alte Normen einengen.

werden, dann wittere ich Unverbindlichkeit. Wer solche pauschalen Urteile fällt, erspart sich die genaue Prüfung von Problemen, sieht nicht in einzelne Gesichter und verspricht sich und anderen das Heil von einfachen Lösungen. Es gibt viel zu viele Meister im Vereinfachen, die schwarz-weiß malen, die die komplexen Probleme ausblenden und ihre eigene Sicht absolut setzen. Ich treffe viel zu viele an, die von ihren Vorurteilen leben und sie wie ein Schema benutzen, das immer passt und alles erklärt. Sie sind fixiert und darum verschlossen für Argumente anderer. Sie nehmen die Probleme nicht offen wahr und sind nicht bereit, ihren Standpunkt zu überprüfen. Wieviel Etiketten werden anderen täglich auf die Stirn geklebt: du bist konservativ oder progressiv, links oder

Entferne die starren Bilder aus deinem Kopf.

rechts, von gestern oder ein Spinner. Wie leicht stecken wir andere in Schubladen: »Auch so ein Versager, einer von der anderen Partei, ein Fundamentalist, typisch für Homosexuelle!« Immer sind hier Vorstellungen im Spiel, die den freien Blick verstellen. Bilder und Vorbilder, Sinn- und Zielvorstellungen können zum Brett vor dem Kopf werden. Bretter sind hart!

Vorstellungen und Fixierungen haben ihren Grund aber nicht nur in mangelnder Flexibilität, die sich mit dem Alter vielleicht einstellt oder verstärkt. Sie sind auch und vor allem ein Ausdruck von Angst. Unsere Festlegungen können zu Krücken werden, ohne die wir nicht gehen können. Tief unten sitzt oft die Angst, sich ganz auf Fremdes, andere Menschen, abnorme Verhaltensweisen einzulassen. Ich spüre, dass der Mörder in mir etwas wachruft, was ich

Mangelnde Flexibilität erwächst aus der Angst – überwinde sie.

auch kenne: Hass, Brutalität, ungehemmte Aggression. Hinter der lautstarken Empörung über die Scheidung des Bruders und der Schwägerin und der Verurteilung »Keiner darf sich scheiden lassen« steckt die eigene Verunsicherung, die nicht zugegeben werden darf, weil sonst meine mühsam zurechtgezimmerte Welt zerbricht. So wird ein künstliches Selbstbewusstsein aufrechterhalten.

Wenn wir so bei uns selbst bleiben, können wir auch nicht in tragfähigen Beziehungen leben und andere Menschen nicht in ihrer Tiefe wahrnehmen.

Wir bleiben immer nur bei uns selbst. Wir bleiben stehen, gehen nicht weiter. Wir verharren innerhalb unserer eigenen Mauern, aber werden nicht frei. Wir leben dann in Zwängen und gelangen nicht über uns hinaus. Wer loslässt, gewinnt. Aber loszulassen verunsichert und macht Angst. Eigene Verunsicherung zuzugeben, fällt schwer und ist doch der erste Schritt, um loszulassen und sich selbst zu gewinnen. Damit beginnt das Wagnis meiner eigenen Freiheit. Wir können uns nur weiterentwickeln, wenn wir die starren und künstlichen Bilder wie in einem Bildersturm aus unserem Kopf heraustreiben.

Ich muss meine Vorstellungen von mir selbst und von anderen loslassen. Das fällt neurotisch Veranlagten beson-

Überfordere dich nicht: Du bist nicht für alles verantwortlich.

ders schwer. Sie sind in sich selbst gefangen, hausen gleichsam im Kerker ihres eigenen Selbst. Sie erfahren sich als unerträglich, mögen sich nicht und können sich nicht annehmen. Sie sind von Sinnlosigkeit und Leere bedroht, werden sich selbst zur Hölle. Sie wollen aber zugleich das Leben erzwingen, etwas herauspressen und geraten so selber unter Zwang. Denn sie meinen, für alles verantwortlich zu sein, werden darin maßlos, überfordern sich total, werden nie zufrieden und glücklich.

Wir könnten solches Verhalten als Krankheit leicht abtun, auch wenn viele unter Neurosen leiden. Wir könnten einfach sagen: »So bin ich doch nicht!« Aber dann würden wir nicht ernst nehmen, dass wir alle mit der Notwendigkeit, loslassen zu müssen, zu kämpfen haben. Veränderungen, Ortswechsel, Umzüge, Krisen und Verlusterfahrungen fordern jeden Menschen hart. Sie wirken bedrohlich und engen uns ein.

Wer frei sein will, erlebt die Gefährdungen durch Unfreiheit besonders tief. Wer sagt: »Ich bin meines Glückes Schmied«, muss zugleich anerkennen, auch seines Unglückes eigener Schmied zu sein. Wer ganz und gar sein eige-

Du bist nicht dein eigener Herr – aber auch nicht dein Knecht.

ner Herr sein will, wird damit zugleich sein eigener Knecht. Wer an sich selbst glaubt und an nichts anderes, wird ganz auf sein Ich zurückgeworfen. Er wird in Grenzerfahrungen und in Extremsituationen spüren: »Ich bin selbst nicht programmfüllend.« Wer nur in den Liebesaffären mit seinem eigenen Ich lebt, wird sich und seine Kräfte darin erschöpfen. Es tut keinem Menschen gut, an sich selbst und die Zwänge, die er selbst produziert, verkauft zu sein. Er wird seine Sorgen um sich selbst nicht mehr los. Er kann sich von seinem Versagen und seiner Angst nicht selbst freisprechen, wenn er kein verstehendes oder liebendes Gegenüber hat. Er kann auch seine Zwänge, die Verantwortlichkeitszwänge, die Vollkommenheitszwänge, die moralischen und die Glaubenszwänge nicht mehr abgeben – er hat nur noch sich selbst.

Ich gewinne mich selbst nur, wenn ich mich und meine Zwänge loslassen kann. Es gibt viele Situationen im Leben, wo die Tür zu meinem Innern von außen geöffnet werden muss. Das gilt nicht nur für Depressive, sondern auch für Menschen, die einsam sind, resigniert haben, an die Trauer oder den Schmerz gekettet sind. Sie haben das Vertrauen ins Leben, in andere Menschen und in sich selbst verloren. Manchmal treiben die harten Schläge des Schicksals uns dieses Urvertrauen aus: Wir scheitern, wir versagen, wir brechen zusammen unter Schuld oder Versäumnissen. Es gibt Augenblicke, da können wir uns selbst nicht mehr aushalten. Dann tut die Nähe eines Menschen gut. Dann lässt seine Stimme aufhorchen, dann hilft seine

Zuwendung mir, die Welt und mich selbst neu zu sehen. Dann macht seine Nähe gesund und gut. Dann kann ich mich befreit aussprechen, fühle mich nicht klein, gedemütigt und schuldig, sondern aufgehoben, ermutigt und

Suche die Nähe und das Verstehen anderer Menschen.

gestärkt. Aber ich muss selbst solche Nähe verstehender Menschen suchen und sie zulassen. Ich muss aufbrechen aus meiner Gefangenschaft, das Wagnis eingehen und mich öffnen. Ich muss ehrlich und offen von mir selbst sprechen, nichts verschweigen und nichts verdrängen.

Um von mir selber loszukommen, ist es hilfreich, Gelassenheit einzuüben, suchend, bittend und konzentriert. Mir hat ein altes amerikanisches Gebet in kritischen Lebenssituationen und in großen Belastungen sehr geholfen. Es lautet: »Gott gebe mir die Gelassenheit, Dinge hinzunehmen, die ich nicht ändern kann; den Mut, Dinge zu ändern, die ich ändern kann, und die Weisheit, das eine vom anderen zu unterscheiden.« Später entdeckte ich

Übe dich in Gelassenheit.

dann, dass diese Worte auch der Wahlspruch der Anonymen Alkoholiker und ihrer Angehörigengruppen ist. Sie haben in Kämpfen und unter großen Anstrengungen ge-

Ändere dich selbst – nicht andere.

lernt, mit ihren eigenen und den Grenzen anderer zu leben. Sie wollen nicht andere ändern, nur sich selbst. Und nehmen sich das nur für vierundzwanzig Stunden vor. Sie wissen, dass mehr sie überfordern würde.

Konzentration und Klarheit gehören dazu. Aber auch das Wissen: Ich bin nicht für alles verantwortlich, zuständig, gefordert. Ich muss mir klarmachen, dass ich nicht Atlas bin, der die Welt zu tragen hat. Ich bin ich, mit meinen Möglichkeiten, aber auch mit meinen Grenzen. Eine alte Fabel macht das sehr schön deutlich:

Ein Vogel lag auf dem Rücken und hielt beide Beine starr gen Himmel gestreckt. Ein anderer Vogel kam vorüber und fragte verwundert: »Warum liegst du so da? Und warum hältst du die Beine so starr?« Da antwortete der erste Vogel: »Ich trage den Himmel mit meinen Beinen. Wenn ich losließe und die Beine abzöge, würde der Himmel herabstürzen!« Kaum hatte er das gesagt, da löste sich ein Blatt vom nahen Eichbaum und fiel leise raschelnd zur Erde. Darüber erschrak der Vogel so sehr, dass er sich geschwind aufrichtete und spornstreichs davonflog. Der Himmel aber blieb an seinem Ort.

Kein Mensch muss den Himmel, die ganze Last der Welt, auch nicht sich selbst tragen! Wer das meint, überfordert sich, wird zwanghaft und ist voll unnötiger Angst. Wer loslässt, gewinnt Distanz von sich selbst und seinen Verkrampfungen, wird gelassener, freier und fröhlicher.

Wer loslässt, gewinnt Abstand von sich selbst.

Am Fuße des Leuchtturmes ist es immer dunkel. Entfernen wir uns von ihm, sehen wir sein Licht. Wir werden dann fähig, uns selbst mit unseren Ängsten und Schwächen, aber auch mit unseren Gaben und Fähigkeiten anzunehmen. Wir werden aufhören, gegen verschlossene Türen zu rennen. Wir werden andere bitten, sie zu öffnen. Wir

Nimm dich nicht so wichtig: Deine Sorgen können kleiner werden.

werden uns ausstrecken nach Liebe, nach der zärtlichen Leichtigkeit, die sie schenkt, und uns in ihr wie in einem weiten Mantel bergen. Wir werden instandgesetzt, das zu tun, was Rudolf Otto Wiemer so sagt: »Drehen Sie mal das Fernrohr um. Welche Wohltat zu sehen, wie klein die Sorgen dann werden!«

Loslassen ist aber nicht nur eine Frage des Wollens und des Denkens mit dem Kopf. Das Wissen ist viel weniger wichtig für unser Leben als das Vertrauen. Die wichtigsten Regungen und Entscheidungen erfolgen unreflektiert und insofern auch unbewusst. Liebe, Glaube, Vertrauen, Freiheit und Verantwortung haben ihren eigentlichen Ort im Unterbewusstsein. Darum müssen wir uns mit unserem Unterbewusstsein anfreunden. Vertrauensbildende Maßnahmen, die unten wirken und nach oben gelangen, sind notwendig.

Wenn wir loslassen und gewinnen wollen, müssen wir unser Unterbewusstsein beeinflussen. Das kann im Halbschlaf, in den Aus-Zeiten und Tagträumen unseres Lebens geschehen. Da verdichten wir das, was wir loswerden, und das, was wir erhalten möchten, in einem einzigen Satz wie z. B.: »Ich lasse los, bin entspannt und gewinne neue Kraft.« Hier helfen das Autogene Training und ver-

Beeinflusse dein Unterbewusstsein positiv.

wandte Methoden. Glaubende finden Hilfen im Gebet und sagen z. B. den Satz: »Meine Zeit steht in deinen Händen.« Sie wenden sich weg von sich und hin zu Gott. In früheren Zeiten »kauten« die Menschen einen Psalm oder

Trainiere loszulasssen in Entspannungsübungen.

einen Satz, damit dieses Wort ihnen zur geistig-geistlichen Nahrung wurde. Solche Sätze können wir auch auf die Melodie eines bekannten Liedes singen und summen wie z. B. »Schlaf, Kindchen, schlaf.«

Ich möchte Mut machen, das Loslassen in Entspannungsübungen zu trainieren. Besonders hilfreich sind hier die Atemübungen, weil das Zusammenspiel von Atmung und Psyche besonders intensiv ist. Die Atmung spiegelt unsere seelische Gemütslage wider. Angst, Freude, Aufregung, Erleichterung werden in unserem Atmen spürbar. Durch bewusstes Atmen können wir Körper, Seele und

Geist beeinflussen. Richtiges Atmen ist der einfachste Weg zur Steigerung unserer inneren Selbstwahrnehmung und Entspannung. Indem wir Atemrhythmus und Pulsschlag aufeinander abstimmen, versetzen wir den Körper in harmonische Schwingungen, die schließlich einen psychischen und physischen Entspannungszustand hervorrufen.

Atmen und Loslassen fallen zusammen.

Die meisten Menschen atmen falsch, atmen tief ein, halten die Luft an und atmen ruckartig aus. Zu flaches und zu schnelles Atmen und ein hektischer Atemrhythmus können in Verbindung mit einer schlechten Körperhaltung zu Ermüdung, Nervosität und Verkrampfungen führen. Ziel ist die »Passivierung« des Atmungsablaufes, das Geschehenlassen: »Es atmet mich«, heißt es im Autogenen Training, das ich sehr empfehlen kann.

Wie Atmen und Loslassen zusammenfallen können, fand ich in einem schönen Text, dessen Autor mir unbekannt ist. »Loslassen« ist er überschrieben.

Ich atme tief aus
und lasse los.
Tausend Stimmen habe ich heute gehört.
Ich weiß die Worte nicht mehr,
und doch haben sie sich in meiner Seele festgesetzt.

Ich atme tief aus
und lasse alle die Stimmen verstummen.

Tausend Gedanken kommen und gehen,
wohltuende und erschreckende,
vergehen und halten mich fest.
Ich bin voll davon und erfüllt,
gesättigt und erschöpft.

Ich atme tief aus
und lasse all die Gedanken verfliegen.

Tausend Worte habe ich gesprochen,
nützliche und unnütze,
Worte, die streicheln,
Worte, die verletzen,
heilsame Worte und Worte voller Unheil.

Ich atme tief aus
und lasse all die Worte fallen.
Ich atme tief aus
und lasse los, was mich noch festhalten will,
das Verkrampfte – das Gedrückte,
das Enge – das Bittere,
das Kleingläubige – das Lieblose.

Ich atme tief aus
und lasse dann all das in mich einströmen,
was mir Frieden und Erleichterung schenkt,
das Gute – das Schöne,
das Gesunde – das Heile,
das Göttliche – das Befreiende.

Ich lasse all das einströmen
in meinen Körper,
in meinen Geist,
in meine Seele –
befreiendes Leben,
neue Hoffnung,
Ruhe für die Nacht.

Auch hier möchte ich wiederum auf geeignete Musik hinweisen, die hilft, sich zu entspannen. Musik unterstützt
die Kräfte loszulassen und freizuwerden. Aus der Musiktherapie wissen wir, dass Musik mit folgenden Eigenschaften besonders geeignet ist:

- schwebende, nicht akzentuierte Rhythmen,
- Moll-Tonarten,
- geringe Lautstärke,
- das Vorherrschen von gebundenen Tönen,
- sanftes Fließen der Melodie,
- harmonische Bewegung.*

Ich nenne als Beispiel nur das berühmte Air von Bach. Dieses Air aus der Orchestersuite Nr. 3 in G-Dur gehört zu den bekanntesten, beliebtesten und meist gespielten Wer-

Höre Bachs »Air«.

ken der gesamten Orchesterliteratur. Es vermittelt Ruhe, Harmonie, Geborgenheit, Sicherheit und Zuversicht durch den zarten Streicherklang, den ruhigen, getragenen, langsam dahinschreitenden, ständig wiederkehrenden Bass (»Ostinato«), die »logisch« und konsequent gebaute Melodieführung dieser Basslinie, die getragene, weitgespannte, »raumerweiternde«, gleichsam ins Übersinnliche transzendierende Kantilene der Violinen. Sie ist von einzigartiger Schönheit und Ausdruckskraft, ergreift sanft und spendet liebevoll-zärtlichen Trost. Kaum ein Stück von Bach ist mehr mit Gefühl durchtränkt und berührt unser Herz so tief wie dieses Air. Es fördert zugleich das geistige und seelische Loslassen.

Achte auf die Wechselwirkung von Geist, Seele und Körper.

Alle Atem-, Entspannungs- und Meditationsübungen, mit und ohne Musik, sind Mittel, das geistige und seeli-

---

* In der CD-Reihe »Leben mit Liebe und Lust« habe ich passende Musikbeispiele zusammengestellt und kommentiert (z. B. »Barock – Balsam für die Seele« oder »Mozart – Musik zum Meditieren«).

sche Loslassen zu fördern. Der Geist, das Denken und der Verstand können dieses nur in den seltensten Fällen alleine bewirken. Immer geht es darum, die Wechselwirkung zwischen Geist, Seele und Körper in Gang zu setzen und zu beleben.

2. Musik baut Angst ab und entspannt

Angst ist die tiefste Ursache dafür, dass wir nicht loslassen können. Dabei ist es nicht wichtig zu unterscheiden zwischen der Angst, die uns ganz beherrscht und verkrampft, und der Furcht, die sich auf etwas Konkretes richtet, etwas, das mir bevorsteht und zur schwarzen Wand wird. In jedem Fall sind wir blockiert oder gelähmt, fühlen wir uns eingeengt und zugeschnürt.

Dass Musik Angst vertreiben kann, kennt jeder. Wer nachts durch einen dunklen Wald geht, beginnt zu pfeifen oder zu singen, um die Angst zu übertönen. In vielen Kulturen trieb man die bösen Geister mit Lärm und lauten

Musik stärkt das Vertrauen.

Geräuschen aus. Die Silvesterbräuche bei uns mit der Knallerei und dem Feuerwerk haben hier ihre Wurzeln. Der Tiefenpsychologe C.G. Jung spricht deshalb vom »Lärm als Kompensation der Angst«.

Den gezielten Einsatz von Musik vor Operationen habe ich oben schon erwähnt. Wird die lebensgeschichtlich bedeutsame Musik ausgewählt, lenkt sie ab, löst Verkrampfungen und Ängste, beruhigt und erleichtert.

Aus der Wirkungsforschung der Musik wissen wir inzwischen, dass Angst abbauende Musik eine Reihe physiologischer Veränderungen im Organismus hervorruft, die den körperlichen Angstreaktionen entgegentreten. Je nach

Empfänglichkeit für Musik wird der Patient frei, hört zu und macht mit bei allem, was mit ihm geschieht. Sein Vertrauen wird gestärkt.

Im Gegensatz zur weit verbreiteten Meinung, dass Entspannung auf Passivität, Regression und Monotonie beruhe, setzt sich inzwischen die Erkenntnis durch, dass Entspannung keinen passiven Zustand darstellt, sondern einen aktiven, der zunächst eine Spannung bewirkt. Es geht

Begib dich in den Zusammenhang
von Spannung und Entspannung.

hier wieder um den natürlichen Zusammenhang von Spannung und Entspannung. Die Spannung erst ermöglicht eine Entspannung, und erst durch Entspannung wird Spannung wieder möglich.

Entspannungsübungen mit oder ohne Musik werden oft benutzt, um kurzzeitig eine körperlich-seelische Harmonie herzustellen. Viel tiefer und nachhaltiger sind solche Übungen mit Musik, wenn sie das Ziel verfolgen,

Durchlebe deine Gefühle intensiv.

Schmerzen und Freuden, Ängste und das Loslassen erlebbar zu gestalten. Dann spüren wir unsere Gefühle intensiv, erleben sie bewusst und können besser mit ihnen umgehen. Wir sind dann auch fähig, uns mit unseren eigenen Konflikten und psychosomatischen Störungen kreativ auseinander zu setzen. Man spricht von einer »Resonanzdämpfung der Affekte«, die die Ausbreitung heftiger negativer Gefühle verhindert.

Bei meinen Untersuchungen dazu bin ich immer wieder auf die Musik Mozarts gestoßen. Seine Orchesterwerke, insbesondere die mit Soloinstrumenten, gewinnen besondere therapeutische Bedeutung. In ihnen entfaltet sich der Dialog zwischen dem Einzelnen und oft Einsamen einerseits und der Gemeinschaft (des Orchesters). Das Orchester besteht im Kern aus Streichern, deren weicher, warmer und runder Klang entspannend wirkt. Hinzu treten – gleichsam im Dialog – die Bläser mit ihrer ausdrucksvollen Farbigkeit. Auf diese Weise entsteht eine abwechslungsreiche Vielfalt von Klängen und Klangkombinationen, die intensiv auf uns wirkt und uns hilft, uns zu entspannen und loszulassen.

Als Beispiel greife ich die Romanze aus der Serenade »Eine kleine Nachtmusik« heraus. Dieses Werk Mozarts

Gönne dir Harmonie und Geborgenheit.

gehört zu den bekanntesten klassischen Stücken überhaupt und erfreut sich besonderer Beliebtheit bei jungen und älteren Menschen in aller Welt. Diese herrliche Romanze vermittelt Ruhe, Harmonie, Geborgenheit, Sicherheit und Zuversicht.

3. Stille schafft Kraft

Richtig ausgewählte und konzentriert gehörte Musik vermittelt Entspannung und Lebenskraft. Sie klingt in uns nach in erfüllter und gefüllter Stille. Wir leiden heute schmerzlich einerseits unter einem Verlust an Stille und

Entziehe dich der akustischen Umweltverschmutzung.

andererseits unter der Unfähigkeit, sie auszuhalten und zu nutzen. Darum fällt es vielen so schwer loszulassen. Der Schriftsteller und Journalist Rüdiger Liedtke beschreibt in seinem Buch »Die Vertreibung der Stille«, wie uns das Leben unter der akustischen Glocke um unsere Sinne bringt. Unsere Augen lassen sich schließen, unsere Nase können wir zuhalten. Allein dem Hören sind wir gnadenlos ausgeliefert. Ständig sind wir von Klangtapeten und Musikteppichen umgeben, beim Aufwachen und Einschlafen, beim Essen und während der Arbeit, beim Einkaufen und im Auto. So wird eine dauernde, meist unbewusste Anspannung erzeugt. Sinne und Nerven werden unablässig gereizt, so dass man von einer »Hinrichtung der Sinne« sprechen kann. Sie werden abgestumpft, apathisch und reizhungrig zugleich. Unsere Sinne lassen das Lauteste und Schreiendste ohne Regung passieren. Gleichzeitig werden sie gekitzelt und angestachelt. Sie werden zu Narkoseinstrumenten. Die Folge: Leises, Zärtliches und Unauffälliges geht unter. Wir blenden es aus.

Wenn wir hier nicht gegenhalten, wird sich das unheilvoll auf unsere Lebensführung auswirken. Wir verlieren den Geschmack für das Unendliche, die verborgenen Geheimnisse, die Kraft der Stille, den Segen des Schweigens.

Stille führt aus der Oberflächlichkeit in die Tiefe.

Das Aufreizende und Betörende wird zur beherrschenden Macht, die uns im Griff hat. Wir werden mehr gelebt als dass wir selbst leben. Wir finden Zerstreuung, aber keine Sammlung. Stille kann die lauten Stunden erlösen, aus der Oberflächlichkeit in die Tiefe führen, aus der Fremde des Lärms in die Heimat innerer Ruhe. Wir selbst kommen aus der Stille, werden aus dem Schweigen und Warten geboren. Wir entfalten unsere Kräfte nur mit offenen und wachen Sinnen, nicht mit überanstrengten, aufgepeitschten und hitzigen. Der dänische Philosoph und Theologe Sören Kierkegaard hat vor hundertfünfzig Jahren gesagt: »Und wenn ich ein Arzt wäre und mich jemand fragte: Was meinst du wohl, was getan werden sollte? – ich würde antworten: Das erste, die unbedingte Bedingung dafür, dass überhaupt etwas getan werden kann, ist: Schaff Schweigen, hilf anderen zum Schweigen!« Alles, was uns zu uns selbst bringt, was Menschen zueinander führt und tief verbindet, alle guten und weiterführenden Gedanken,

Ideen und Taten wachsen aus der Stille und dem konzentrierten Schweigen. Nur aus erfüllter Ruhe entspringt ein gefülltes Leben. Nur die Stille schafft Kraft. Wenn du dich nicht fallen lässt, kannst du nicht erfahren, dass du getragen wirst.

4. Mit den Grenzen des Lebens bewusst umgehen

Es wird viel über die Grenzen unseres Lebens gesprochen und geschrieben. Die Grenzen des Fortschritts sind uns allen bewusst geworden, seit wir spüren: Der Mensch kann alles, sogar in wenigen Sekunden die Welt zerstören. Wir tun uns schwer damit, die Grenzen der Machbarkeit fest-

Stille schafft Kraft.

zulegen. Genetik und Gentechnologie, die Möglichkeiten zur künstlichen Verlängerung des Lebens und das Wachsen eines Kindes im toten Leib der Mutter, die Debatten um passive und aktive Sterbehilfe zeigen, dass das Wort »Grenze« das heimliche Stichwort und das aufregendste Thema unseres Lebens ist. Weil Grenzen nicht mehr nur natürlich

Geh mit den Grenzen des Lebens bewusst um.

und vorgegeben sind oder als von Gott gesetzt angesehen werden, unterliegen sie der gesellschaftlichen Abstimmung. Und jeder Einzelne muss für sich selbst dazu Überlegungen anstellen und eigene Entscheidungen treffen.

Der Tod ist die letzte Grenze unseres Lebens. Ihn kann niemand wegdiskutieren, ihm kann keiner ausweichen. Er steht fest. Das verunsichert und macht Angst. Ihn kriegen wir nicht in den Griff. Der Tod ist der größte Störenfried eines selbstbestimmten und erfolgreichen Lebens. Er wird nicht nur von Ärzten als Kränkung angesehen, die um das Leben von Patienten ringen. Er erscheint als der größte Gegner und ärgste Feind jedes Menschen.

Der Tod mitten im Leben.

Immer noch werden Sterben und Tod tabuisiert. Ihn verdrängen wir ebenso wie Leiden, Krankheit und Behinderungen, Formen des Todes mitten im Leben. Was schwer zu ertragen, dunkel und unheimlich ist, wird allzu leicht verdrängt und auf das Negativkonto des Lebens verbucht. Leidfreies, schmerzloses, leichtes und harmonisches Leben ist der Inhalt unserer Sehnsucht. »Hauptsache gesund!« rangiert auf der Skala der Wünsche ganz oben. Dem entsprechen Flucht und Berührungsangst vor allem, was zu den dunklen Seiten des Lebens gehört. Die Grenze Tod fordert die Arbeit der Seele mehr als die des Verstandes.

Früher lebten unsere Vorfahren viel natürlicher mit dem Tod. Ich erkenne das jedes Mal fasziniert, wenn ich die kleine Fischersiedlung auf dem Holm in meiner Heimatstadt Schleswig besuche. Mitten auf dem zentralen Platz liegt der Friedhof mit der Kapelle. Die Häuser sind im Ring darum angeordnet. Kinder spielen auf der Straße, der Ball fällt über das Gitter auf einen der Wege des Friedhofs, sie holen ihn sich wieder. Alle, die morgens aus dem Haus treten und abends von ihrer Arbeit heimkommen, sehen zuerst und zuletzt auf die Gräber der Ihren. Dass unser Leben und wir selbst begrenzt sind, ist anschaulich und erlebbar.

»Lehre uns bedenken dass wir sterben müssen, damit wir klug werden« – diese alte Bitte um Lebensklugheit und -weisheit ist nicht zu beschränken auf alte Menschen.

Wer vom Ende her denkt, lebt intensiver.

Sie gilt für jede Phase und Stufe des Lebens. Wer vom Ende her denkt, lernt, intensiver zu leben. Er weiß, dass Leben sich immer vollzieht zwischen Abschied und Aufbruch. Hermann Hesse sagt in seinem Gedicht »Stufen« dazu:

> Es muss das Herz bei jedem Lebensrufe
> bereit zum Abschied sein und Neubeginne,
> um sich in Tapferkeit und ohne Trauern
> in andere, neue Bindungen zu geben.
> Und jedem Anfang wohnt ein Zauber inne,
> der uns beschützt und der uns hilft zu leben.

Bewusst so zu denken ist Lebenshilfe. Das Leben wird dann nicht zweigeteilt in Tag und Nacht, heiter und grausam, schön und schlecht. Es ist eines und es ist ein ganzes, das uns auf Zeit geliehen ist, damit wir es sinnvoll und verantwortlich füllen. Wir sehen uns dann wieder als Teil der Natur, in der Werden und Wachsen, Blühen, Welken und Vergehen gleichnishaft zu erleben sind.

Das Leben mit Grenzen ist eine hohe und schöne Lebenskunst. Märchen, Mythen und die Kunst bieten dafür viele Hilfen. Auch in der Musik gibt es eine Fülle tiefer Lebensweisheit.

Ich denke an Volkslieder wie »Es ist ein Schnitter, der heißt Tod«, »Es war ein König in Thule«. In der Liedkunst wird dieses Thema vielfältig klingend angeschlagen, so im Schubert-Lied »Der Tod und das Mädchen« oder in den Kindertotenliedern von Gustav Mahler.

Zur Gesundheit des Lebens für Leib und Seele gehört es, sich mit den Grenzen des Lebens anzufreunden und vertraut zu machen. Sie wird am stärksten und natürlichsten gefördert, wo Kinder und Erwachsene in der Geborgenheit einer Familie oder einer Gruppe und mit vertrauten Menschen zusammenleben. Je selbstverständlicher Kinder die

Freunde dich frühzeitig mit der Endlichkeit des Lebens an.

Endlichkeit des Lebens und den bewussten und natürlichen Umgang mit Sterben und Tod erfahren, desto kontinuierlicher und gesünder vollzieht sich die Entwicklung ihrer Persönlichkeit. Um so weniger werden sie später in Gefahr geraten, die Grenzen des Lebens zu verdrängen. Von den Grenzen her leben – das ist ein wichtiger Schlüssel für unsere gesamte Lebensgestaltung.

Bei der Erfahrung der vielen anstrengenden und oft schmerzlichen Grenzüberschreitungen spielt das Hören eine große Rolle. Es bildet für die Zeit vor der Geburt die Hauptbeschäftigung. Und wenn wir sterben und alle Sinne erlöschen, wenn wir schon längst die Augen geschlossen haben, dann ist bei den meisten Menschen der Hörsinn derjenige, der zuletzt erlischt. Die Erfahrungen sowohl in der vorgeburtlichen Forschung, der Embryologie, wie auch in der Sterbeforschung, der Thanatologie, zeigen viele übereinstimmende Ergebnisse. Die nonverbale Kommunikation, die Vermittlung von Zuwendung und menschlicher Wärme durch die musikalischen Anteile der Sprache, durch Rhythmus und Musik spielen hier eine zentrale Rolle. Kinder und Sterbende sehnen sich nach Geborgenheit in der Liebe menschlicher Zuwendung. Das Erzählen oder Vorlesen von Märchen und Geschichten, das Vorsingen bekannter und lebensgeschichtlich bedeutsamer Lieder und Choräle sind für sie besonders intensive Zeichen solcher Zuwendung.

In den letzten Jahren ist die Sterbebegleitung sehr ins Gespräch gekommen. »In Würde sterben« – an dieser Forderung muss sich der Umgang mit Todkranken und Sterbenden ausrichten. Sie richtet sich gegen das kalte Sterben hinter einem Paravent, in der Einsamkeit und Isolierung eines Sterbezimmers im Krankenhaus oder im Pflegeheim.

In Würde leben und in Würde sterben hängen zusammen.

Dieses abgeschobene Sterben kommt der Isolationsfolter für Gefangene gleich. Die unpersönliche und menschenunwürdige Behandlung setzt oft schon ein, wenn der Kranke aus der gewohnten Umgebung herausgerissen und hastig ins Krankenhaus geschafft wird. Der Transport ist der Beginn einer häufig langen Leidenszeit. Im Krankenhaus kümmert man sich um die Herz- und Pulsfrequenz, um Elektrokardiogramm und Lungenfunktionen, um Sekrete und Exkremente. So wird der Patient auf das Körperliche reduziert, sein Hunger nach Nähe, Zuspruch und Sterbebegleitung bleibt ungestillt. Das Sterben geschieht so technisch, mechanisiert und unpersönlich, dass man zuweilen gar nicht mehr angeben kann, in welchem Augenblick der Tod eintritt.

Immer mehr erkennen inzwischen auch die Pflegenden, dass die Hand auf der heißen Stirn, das Sitzen am Bett und das leise Sprechen oft wichtiger ist als das Ausfüllen von Tabellen mit Daten. Ihnen fehlt oft die Zeit dafür, ein Engel am Bett zu sein. Aber Untersuchungen haben auch ergeben, dass Schwestern sich mehr Zeit lassen als sonst, wenn die Klingel eines Sterbenden ertönt. Gespräche mit ihnen zeigten schnell den Grund. Sie hatten Angst und fürchteten sich vor dem Anblick sterbender Patienten. Sie hatten sich mit dem Sterben und ihrem eigenen Tod nicht auseinander gesetzt. Sie hatten es nie gelernt, mit ihren eigenen Grenzen zu leben. Wer sich selbst nicht mit dem Tod auseinander setzt, kann anderen kein Begleiter beim Sterben sein.

1967 wurde in London die erste »Sterbeklinik« gegründet. Das Ziel dieser Klinik ist es, »die Einsamkeit des Todes in unserer Gesellschaft zu überwinden und dem Menschen etwas von seiner Würde zurückzugeben«, wie es die

Nur wer sich mit dem eigenen Tod auseinander setzt, kann Sterbende begleiten.

Chefärztin des St. Christophorus Hospice formuliert. Sterben muss jeder allein. Da sind wir nicht mehr vertretbar. Aber allein und von allen Menschen verlassen die letzte Schwelle vom Leben zum Tod zu überschreiten, ohne würdig Abschied nehmen zu können, ist grausam und brutal.

Musik kann Sterbehilfe sein. Vertraute Menschen und vertraute Musik können Ängste nehmen und Geborgenheit vermitteln. Wichtig ist die lebendige Beziehung. Das

Musik kann Sterbende begleiten.

Vertrauen, das vom Begleitenden zum Sterbenden fließt, hüllt ihn ein wie in einen wärmenden Mantel des Trostes. Das geschieht oft schweigend, indem nur seine Hand gehalten wird und er den anderen spürt. Das gelingt auch, wenn wir warmherzig mit ihm sprechen, ihn zärtlich streicheln, seine Bedürfnisse aus seinen Gesten erschließen und seine Wünsche ihm von den Augen ablesen. Musik kann diese Zuwendung unterstützen.

Ich habe an Sterbebetten erlebt, dass sich das Gesicht beim Beten und Vorsprechen von vertrauten Texten erhellte und Frieden den schwachen Körper erfüllte. Wo die eigene Betroffenheit zu groß ist und die eigenen Worte nicht mehr gefunden werden, hilft die nonverbale Sprache der Musik, eine wohltuende Atmosphäre herzustellen und dem Sterbenden seine Trennungsängste zu erleichtern.

Früher habe ich mich gescheut, große Worte und gebundene Texte zu zitieren. Heute weiß ich aus Erfahrung, welche Kraft, wie viel verdichtete Lebenserfahrung im Umgang mit dem Tod in ihnen ruht. Sie leuchten in der Dunkelheit mehr als stammelnde oder gut gemeinte Wor-

Entdecke die Kraft tröstender Texte.

te. Nicht jedem ist es gegeben, in solchen Augenblicken mit eigenen Worten zu trösten. Liedstrophen, Psalmen, das Vaterunser, ein zukunftsweisendes biblisches Wort geben Kraft, können zum Anker im Sturm der Gefühle und der Verzweiflung werden. Ich denke an den Satz »Ich will euch trösten, wie einen seine Mutter tröstet«, vertraut aus der Sopran-Arie des Requiems von Johannes

Brahms. Ich denke weiter an das Gebet von Dietrich Bonhoeffer:

Von guten Mächten treu und still umgeben,
behütet und getröstet wunderbar,
so will ich diese Tage mit euch leben
und mit euch gehen in ein neues Jahr.

Noch will das alte unsre Herzen quälen,
noch drückt uns böser Tage schwere Last,
ach, Herr, gib unsern aufgescheuchten Seelen
das Heil, für das du uns bereitet hast.

Und reichst du uns den schweren Kelch, den bittern
des Leids, gefüllt bis an den höchsten Rand,
so nehmen wir ihn dankbar ohne Zittern
aus deiner guten und geliebten Hand.

Doch willst du uns noch einmal Freude schenken
an dieser Welt und ihrer Sonne Glanz,
dann wolln wir des Vergangenen gedenken,
und dann gehört dir unser Leben ganz.

Lass warm und still die Kerzen heute flammen,
die du in unsre Dunkelheit gebracht,
führ, wenn es sein kann, wieder uns zusammen.
Wir wissen es, dein Licht scheint in der Nacht.

Wenn sich die Stille nun tief um uns breitet,
so lass uns hören jenen vollen Klang
der Welt, die unsichtbar sich um uns weitet,
all deiner Kinder hohen Lobgesang.

Von guten Mächten wunderbar geborgen,
erwarten wir getrost, was kommen mag.
Gott ist mit uns am Abend und am Morgen
und ganz gewiss an jedem neuen Tag.

5. Der Tod als
»Schlüssel zu unserer wahren Glückseligkeit«

Kaum jemand wagt heute diesen Ausspruch. Und doch sehnen sich unzählige Menschen danach, den Tod nicht als »Sensenmann«, als Gegenspieler und Verneiner allen Lebens fürchten zu müssen. Seine Macht ist unermesslich groß. Er ist nicht berechenbar, nicht zu überlisten, nicht zu besiegen.

Wir fürchten den Tod in seiner doppelten Gestalt, den eines geliebten Menschen und unseren eigenen. Menschen früherer Zeiten haben es besser verstanden, sich mit ihm zu befreunden. Sie bezogen den Tod ein in ihr Leben. Man starb zu Hause. Kinder erlebten das Sterben der Großeltern und anderer Angehöriger. Wer so mit der Erfahrung des Todes aufwächst, hat es leichter, eine natürliche Einstellung zum Werden und Vergehen des Lebens zu gewinnen. Heute schieben wir das Sterben von uns weg, ins Altersheim oder ins Krankenhaus. Viele sterben allein. Viele sind mit dem Tod noch nie in Berührung gekommen.

Dennoch können wir der Erkenntnis, dass alle Dinge endlich sind, nicht ausweichen. Ich weiß von Helmut Thielicke, einem meiner Vorgänger auf der Kanzel von St. Michaelis in Hamburg, dass ihn der Gedanke an das Ende von Jugend an beschäftigt hat. Als er mit sechs Jahren einen heiß ersehnten Leiterwagen bekommen hatte, brach er angesichts dieser Erfüllung in Tränen aus. Sein Vater schalt ihn als undankbar und fragte ihn ärgerlich, warum er gerade jetzt weinen müsse. Da erwiderte er ihm: »Einmal geht er ja doch kaputt!«

Ich kenne solche Augenblicke auch, in denen mir die Vergänglichkeit von Dingen und schönen Erfahrungen nahe kommt und sich mir das Ende, das Aus und Vorbei aufdrängt.

Jeder erlebt schmerzliche Abschiede, das Sterben eines Familienangehörigen oder guter Freunde. Wir spüren dann, wie intensiv wir dadurch in Kontakt mit uns selbst gebracht werden. Wir reagieren mit heftigen Gefühlen, mit Wut und Trauer und der Sehnsucht nach dem alten

Das Sterben anderer bringt in Kontakt mit dir selbst.

Zustand. Es ist wichtig, solche Gefühle zuzulassen und nicht wegzuschieben. Es gibt sicher Stadien der Trauer und Verlusterfahrungen, in denen wir völlig erstarrt sind, betäubt und wie leblos. Erst wenn wir durchgedrungen sind, uns durchgearbeitet haben, kehrt das Leben allmählich wieder zurück, fühlen wir uns wieder lebendig. Dann wird das Leben zwar nicht leichter, aber tiefer und intensiver sein. Wir können leichter und besser loslassen, wenn wir uns zuvor auch wirklich eingelassen haben. In jungen Jahren habe ich beim Abschied von meiner Freundin immer gedacht: Du musst dich so verabschieden, als wäre dieser Abschied und dein letztes Wort endgültig. Ich weiß,

Nur wer sich wirklich einlässt, kann loslassen.

wie schwer das durchzuhalten ist im Leben. Aber noch heute blitzt dieser Gedanke an das Ende hin und wieder auf. Es gibt so viele Signale meiner Endlichkeit mitten im

Nimm die Signale deiner Endlichkeit bewusst wahr.

Leben, Krankheit, wachsende Einsamkeit, abnehmende körperliche Kraft, die alle auf das Sterben schon mitten im Leben hinweisen und mich zur Stellungnahme herausfordern.

Am unerbittlichsten werde ich in Frage gestellt, wenn ein vertrauter und geliebter Mensch stirbt. Dann bin ich plötzlich ganz allein, muss allein mit allem zurechtkommen, bin wie gelähmt. Das Schlimmste ist die Leere. Die Kleidung und die persönlichen Dinge des Verstorbenen schauen uns an, als wäre alles noch wie eben. Alles wird unwirklich, weil wir so weiterleben, als gehe alles so weiter trotz des Verlustes. Gleichzeitig beginnt jeder Tag mit Tränen der Trauer und dem Wissen: »Nie wieder!« Mit Fragen, die antwortlos kreisen, Fragen nach dem Warum. Warum er, warum muss ich das erleiden?

Wir wollen festhalten, was wir hergeben müssen. Wir klammern uns an Erinnerungen und Wunschträume. Wir wollen und können in dieser Trauerphase den Verlust nicht akzeptieren. Dennoch beginnt mit diesem Kampf schon das notwendige Loslassen. Wenn wir so weiterlebten, als wäre nichts geschehen und als hätten wir nichts verloren, so verkröchen wir uns in die Apathie und Resignation, oder aber alle Anstrengungen und eigenen Schritte würden unsinnig, wertlos und überflüssig.

Ich möchte Mut machen, sich dem Kampf zu stellen. Es ist nicht gut, Trauernden ihre heftigen Gefühle – Wut, Ohnmacht, Schuldgefühle und Angst – auszureden. Es tut

Lass Trauernden ihre heftigen Gefühle.

Trauernden nicht gut, sich selbst mit Aktivität zu betäuben, weiterzuarbeiten wie immer, sich in Betriebsamkeit zu stürzen. Wir müssen durch das Tal der Tränen hindurchgehen. Hier sind wir nicht zu vertreten und unersetzbar. Dennoch tut gerade auf solchen Wüstenwanderungen die Nähe und die Begleitung verständnisvoller Menschen unendlich gut.

Wenn wir die schmerzhafte Zerrissenheit durchleiden, beginnen wir, das Losgelassene noch einmal aufstehen zu lassen. Wir lassen in den schmerzlichen Erinnerungen noch einmal die ganze gemeinsame Geschichte an uns vorüberziehen. Wir verstehen dann, dass Hochzeiten mit Tiefpunkten, Sternstunden mit Phasen großer Dunkelheit abgewechselt haben. Die Verklärung des Verstorbenen, typisch für den Schock nach dem plötzlichen Abschied, weicht einer realistischen Sicht. Wir finden selbst heraus, wo wir mit Bildern vom geliebten Menschen statt mit ei-

genen Erfahrungen leben. Wir erkennen, wo wir nur proji-
zieren, aber uns selbst nicht in Frage stellen. Wir entdecken dann, dass wir eigene unangenehme Seiten dem Part-

Trauerarbeit ist Voraussetzung für einen Neubeginn.

ner oder der Partnerin angelastet haben. Diese kritische
Sicht ist weder lieblos noch soll sie uns in Schuldgefühle
stürzen. Sie ist notwendig, um die Erinnerung zu reinigen
und zu klären. Sie ist die Voraussetzung für echte und
haltbare Dankbarkeit. Wir verstehen dann, was wir nicht
verlorengeben müssen, weil es ein unverlierbarer Teil unserer eigenen Identität geworden ist und bleiben darf.

Es ist schon schwer, von erfüllten Zeiten und gelungenen Beziehungen Abschied zu nehmen. Noch schwerer ist
es, das noch nicht zu Ende gelebte Leben, die noch nicht
geliebte Liebe, das noch nicht Gesagte loszulassen. Schuldgefühle und Gewissensbisse, Wiedergutmachungsversuche
und vergebliche Anstrengungen, das Versäumte nach-
zuholen, treiben uns um und geben uns keine Ruhe.
Wir bleiben dann starr und leben fixiert, warten vergeblich, dass sich unsere unerfüllten Wünsche doch noch erfüllen.

Es gehört zur schweren Arbeit der Trauer, sich einzuge-
stehen, dass auch berechtigte Wünsche nicht erfüllt worden sind und nicht erfüllt werden können. Eines Tages
müssen wir erkennen, dass es sich nicht lohnt, Idealen
und Bildern – vom anderen und von mir selbst! – nachzu-
jagen, die weit entfernt sind von unseren eigenen Möglichkeiten. Wir werden uns über die unerfüllten Zeiten
nicht freuen können, aber wir werden sie so annehmen,
wie sie waren, und sie mitnehmen auf unserem eigenen
weiteren Weg. »Manchmal ist der Himmel voller dunkler
Wolken. Aber wenn die Wolken sich abregnen, bekommen
die Wurzeln neue Kraft«, sagte mir eine Frau, die ihren
Mann vor zwei Jahren verloren hat.

Damit die Wurzeln neue Kraft bekommen, müssen alle

Trauernden Schritte wagen in das eigene Leben. Wir müssen selbst leben, das Leben neu gestalten. Nur wenn wir mit Verlusten leben können, im schmerzlichen Ringen

Lerne mit Verlusten zu leben.

unsere eigenen Möglichkeiten entdeckt haben, können wir uns neu im Leben verwurzeln und brauchen uns nicht aus Angst vor weiteren Verlusten aus dem Leben herauszuhalten. Wir brauchen neue Erfahrungen, müssen sehen, was uns gut tut und hilft. Wir werden dann anders leben, bewusster und tiefer. Dabei brauchen wir den geliebten Menschen und unsere gemeinsame Liebe nie zu verraten. Sie wird geläutert, und als solche bleibt sie kostbar und

Verwurzele dich immer neu.

vermittelt uns das Gefühl tiefer Dankbarkeit. Wenn die Enttäuschungen nicht erfahrener und nicht gelebter Liebe uns verfolgen, werden wir sie aber dann hergeben, hinter uns lassen und neu aufbrechen.

Wir werden irgendwann auch unsere eigene Antwort finden auf die Fragen nach dem Warum und nach dem, was harte Verluste und schwere Abschiede uns selbst sagen wollen. Ich kenne viele Menschen, die reifer wurden und neu zu leben begonnen haben. Manche sagen mir: »Ich möchte diese schweren Zeiten nicht missen. Sie gehören jetzt auch zu mir.« Das sind dann neue Bekenntnisse zum Leben, aus Leid gereift. Ein siebzigjähriger Jude, als einziger seiner Familie dem Tod im Konzentrationslager entkommen, der später seine Frau und seine vier Kinder bei einem großen Waldbrand in Südfrankreich verloren hat, schrieb solche Bekenntnisse zum Leben in Büchern nieder, um hoffnungs- und mutlosen Menschen Trost und Kraft zu geben. Er schreibt: »Das Leben ist unzerstörbar. Trotz des Todes. Die Hoffnung ist wie ein frischer Wind, der die Verzweiflung wegfegt. Das Leben beginnt heute und jeden Tag. Das Leben ist Hoffnung.« Ich kenne viele Zeugnisse von Christen, deren Hoffnung in schwersten inneren Kämpfen neue Flügel bekommen hat und die in ein neues Leben zurückgefunden haben. Sie sprechen dann so, wie es die Nonne Coretta aus Amerika bleibend gültig und mutmachend gesagt hat: »Heute ist der erste Tag vom Rest meines Lebens.«

Der »Rest meines Lebens« wäre das Leben, in das ich die Wirklichkeit des Todes mit einbeziehe, nicht nur den Tod anderer, sondern auch meinen eigenen.

Heute ist der erste Tag vom Rest meines Lebens.

Bach vertonte in einer seiner vielen Kantaten die Worte »Ich freue mich auf meinen Tod.« Mozart schrieb im Alter von einunddreißig Jahren in einem Brief an seinen Vater:

»Da der Tod... der wahre Endzweck unseres Lebens ist, so habe ich mich seit ein paar Jahren mit diesem wahren, besten Freunde des Menschen so bekannt gemacht, dass sein Bild nicht alleine nichts Schreckendes mehr für mich hat, sondern recht viel Beruhigendes und Tröstendes. – Und ich danke meinem Gott, dass er mir das Glück gegönnt hat, ihn als den Schlüssel zu unserer wahren Glückseligkeit kennen zu lernen. –

Ich lege mich nie zu Bette, ohne zu bedenken, dass ich vielleicht, so jung als ich bin, den anderen Tag nicht mehr sein werde – und es wird dennoch kein Mensch von allen, die mich kennen, sagen können, dass ich im Umgang mürrisch oder traurig wäre – und für diese Glückseligkeit danke ich alle meine Tage meinem Schöpfer, und wünsche sie von Herzen jedem meiner Mitmenschen.«

Dieser Brief strahlt Zuversicht und eine gelassene Leichtigkeit aus. Mozart hat sich bereits in jungen Jahren mit dem Bild des Todes vertraut gemacht, so dass der Tod in das Bild seines Lebens hineingehörte.

Unseren eigenen Tod als »Schlüssel der wahren Glückseligkeit« zu nutzen, um immer neue und auch verschlossene Türen in unbekannte Räume zu öffnen, das fällt uns heute schwerer als Menschen früherer Zeiten. Heute sterben Menschen nur selten einen guten Tod, im Kreis der

Auch der Tod kann dich in neue Räume führen.

ganzen Familie, zu Hause und behütet von den eigenen Kindern oder Eltern. Ein Ende in Würde ist nur selten zu erreichen. Der Chirurg Sherwin B. Nuland hat in seinem neuesten Buch vierzig Jahre Erfahrung mit Sterbenden verarbeitet. Oft sterben Menschen unter großen Schmerzen, unter würdelosen Verhältnissen, fassungslos und verzweifelt, qualvoll und in panischer Angst. Hier wirkt sich auch aus, dass wir heute das Sterben nicht mehr einüben. Keiner kann sich sein Sterben aussuchen. Sich einen sanften, schnellen Tod zu wünschen bleibt ein Wunsch. Schmerzen und Angst können wir um so weniger ertragen, wenn wir sie im Leben stets verdrängt haben. Der Tod bleibt bitter, verliert nie seinen Stachel.

Dem Glaubenden hilft vielleicht das Vertrauen, zu Gott heimzukehren, aber viele haben den Glauben an ein Weiterleben nach dem Tod verloren. Die Hoffnung, dass bei Gott alles Klagen und alle Qualen, alle Tränen und alle Verzweiflung ein Ende haben werden, hat sich unter den Menschen rar gemacht. Wir haben in diesem Jahrhundert der Weltkriege und der Konzentrationslager so viel unmenschlichen, unsinnigen und ungerechten Tod erlebt, dass die Frage des Lebens nach dem Tod lange Zeit unterdrückt wurde. Es ging uns um das Leben vor dem Tod.

Befragungen von Patienten, die Sterbeerlebnisse hatten, machen nachdenklich. Übereinstimmend erzählen die Befragten von einem Gefühl des inneren Friedens und Wohlbehagens, von der Empfindung einer Trennung des Geistes vom Körper, vom Anblick des Lichtes am Ende eines Tunnels, vom Eingehen in dieses schöne helle Licht. Solche Erfahrungen sind Aussagen von Wiederbelebten. Wie es im Tod sein wird, was wir sehen und spüren werden, wissen wir nicht. Noch ist kein Mensch zurückgekommen.

Neuerdings ist die Frage »Was kommt danach?« wieder lebendig geworden. Siebzig Prozent der Deutschen glauben laut einer Umfrage an Wiedergeburt. Ohne Bilder können wir uns ein Weiterleben nach dem Tod nicht vorstellen. In der christlichen Religion ist der Tod nicht das endgültige Aus und der triumphierende Herrscher über den Menschen. Christen glauben nicht an die Wiedergeburt. Sie vertrauen aber darauf, dass sie weder im Leben noch im Sterben und auch nicht im Tod der totalen Beziehungslosigkeit verfallen. Wo unsere Beziehungen zu anderen enden, wo die Liebe zwischen Menschen abbricht, hört die Beziehung Gottes zu uns nicht auf. Er hält uns weiter fest. Wir sind Gott zu schade, als dass wir nur verscharrt würden! Die verliehene Würde bleibt erhalten und wird aufbewahrt. Als mich ein Freund fragte, wie ich mir das Leben

Liebe ist stark wie der Tod.

nach dem Tod vorstelle, antwortete ich: »Ich glaube, dass ich und wir alle hier so geliebt werden, dass die Liebe mit meinem Sterben nicht aufhört. Liebe ist für mich stärker als der Tod.«

Ich kann und will mir die Kulissen des Jenseits nicht vorstellen. Und weiß doch, dass wir das Unerkannte und Unsagbare nur in tiefen Bildern sagen können. Solche Bilder haben Kraft, bilden Erwartetes in sich ab, nehmen die Zukunft visionär vorweg. Ich denke an das Licht, uraltes Symbol des Lebens und der Ewigkeit. Der Arzt und Priester Angelus Silesius schrieb im 17. Jahrhundert:

Freund, so du etwas bist, so bleib doch ja nicht stehn.
Man muss aus einem Licht fort in das andere gehn.

Da verliert der Tod seinen Schrecken, da leuchtet etwas von der wahren Glückseligkeit auf.

Sterbeforschern ist aufgefallen, dass Sterbende und Verstorbene oft in der Stellung des Embryos, mit angezogenen Knien und gekrümmt liegen. Nachweislich führen nicht Schmerzen zu dieser Haltung, sondern die unbewusste Erinnerung an den Aufenthalt im Mutterleib. Frü-

Von einem Licht fort in ein andres gehen.

her haben Menschen vom Tod als einer zweiten Geburt gesprochen. Wie wir durch den engen Tunnel unter Gefahren und in Ängsten zur Welt kommen, so gehen wir wiederum durch eine enge Pforte aus diesem Leben in ein anderes, neues und weites. Andere Bilder sprechen davon, dass wir durch ein Tor gehen, eine dornige Hecke überwinden, ein finsteres Tal durchwandern müssen, um in den Himmel zu gelangen. Noch einmal: Mich interessiert nicht die Topographie des Jenseits. Ich will mir nicht aus-

Vertrauen kann dich durchs Sterben tragen.

malen, wie es sein wird. Ich will mich auch nicht an Bilder klammern. Ich kann nur bitten, dass mein Vertrauen, das mir hier zu Lebzeiten geschenkt wird, mich durch mein Sterben trägt und im Tod weder aufhört noch enttäuscht wird. Die Liebe ist stärker als der Tod. Die Bilder, die wir vom Danach, vom Himmel, von Gott haben, werden aufhören. Hoffnungen, die uns über Mühen und Enttäuschungen hinweggetragen haben, werden zu Ende gehen. Der Glaube, den wir bewahrten gegen die harte Realität und gegen unsere Ängste, wird der Vergangenheit angehören. Wir selbst werden begraben werden und vergehen. Die Liebe aber, ihre Quelle und ihre Kraft, wird bleiben. Sie ist es, die uns in das Leben gerufen hat. Sie will auch, dass unser Leben endet. Ich möchte dem Geheimnis der Liebe dann wiederbegegnen, der ich mich verdanke und in der ich meine Ewigkeit habe. In ihr möchte ich geborgen sein für immer.

Quellennachweis

S. 23f.: Anthony de Mello aus: Warum der Vogel singt. Herder/Spektrum Bd. 4149. © Verlag Herder, Freiburg, 20. Gesamtauflage 1998

S. 47: Joachim-Ernst Behrendt aus: Das dritte Ohr. Vom Hören der Welt. Reinbek bei Hamburg 1988 (rororo Sachbuch transformation, S.43)

S. 82f.: nach Günther Feyler: Endlich mehr Zeit haben. München 1982 (Heyne Kompaktwissen)

S. 90f.: Hermann Hesse aus: Die Gedichte. © Suhrkamp Verlag Frankfurt am Main 1970 »Stufen«

S. 103f.: Ernesto Cardenal aus: Psalmen. Peter Hammer Verlag Wuppertal 1968

S. 118f.: Jörg Zink aus: Wie wir beten können, Kreuz Verlag, Stuttgart 1991

S. 135: H. W. Opaschowski: Freizeit 2001. Ein Blick in die Zukunft unserer Freizeitwelt (B.A.T. Projektstudie zur Freizeitgestaltung), Hamburg 1992, S. 28

S. 146: ders.: Deutschland 2010. Wie wir morgen leben, Hamburg 1997, S. 187f.

S. 154: Werner Bergengruen aus: Die heile Welt. © Dr. N. Luise Hackelsberger, Ebenhausen b. München

S. 208.: Dietrich Bonhoeffer aus: Widerstand und Ergebung (KT 100). Chr. Kaiser/Gütersloher Verlagshaus. Gütersloh, 16. Auflage 1997

Hinweise

Wir haben von der Literatur zur Lebenshilfe, zur Musiktherapie und über das Altern in seinen verschiedenen Aspekten sehr profitiert. Im Rahmen dieses Buches verzichten wir auf nähere Angaben.
Ein besonderer Hinweis gilt den bei Karussell erschienenen CD-Reihen:

»Leben mit Liebe und Lust«,
herausgegeben von Hermann Rauhe

»Zwanzig Jahre 50 bleiben«,
herausgegeben von Hermann Rauhe
und Gerd Schnack

2 3 4 5 6   03 02 01 00 99

© 1999 Kreuz Verlag Stuttgart GmbH + Co. KG
Postfach 80 06 69, 70506 Stuttgart, Tel. 07 11 - 78 80 30
Ein Unternehmen der Dornier Medienholding GmbH
Umschlaggestaltung: Jürgen Reichert, Stuttgart
Gesamtherstellung: W. Röck, Weinsberg
ISBN 3 7831 1674 0

Was beim Älterwerden zu gewinnen ist.

»Den Kindern gehört das Himmelreich«, sagte Jesus, und das Kind, das im Älterwerdenden geboren wird, ist ein Bild seiner Seele, die immer jung bleibt.

Das klingt wie innere Musik, die Stimme eines Engels oder Lichtschein aus einer anderen Welt.

Das Mörike-Märchen wird von Jörg Zink nacherzählt und in Verbindung mit farbigen Fotos und Gemälden meditiert. – Ein schönes Geschenk.

Jörg Zink
Wie die schöne Lau das Lachen lernte
142 Seiten mit 11 Farbtafeln, Hardcover mit Schutzumschlag

KREUZ: Was Menschen bewegt.

Wegweiser in neue Lebensphasen

Die Übergänge von einer in die andere Lebensphase – Kindheit, Adoleszenz, junger Erwachsener, mittlere Lebenskrise, Wechseljahre und Alter – fordern immer wieder Abschied, Trennung und Neubeginn. Solche Lebensübergänge werden von Träumen begleitet, die einerseits die Krise unterstreichen, andererseits oft von Sterben und Geburt erzählen. Wie solche Träume als Hilfe zur Orientierung genutzt werden können, zeigt Ingrid Riedel in ihrem Buch, in dem sie zahlreiche lebendige Traumbeispiele aus allen Lebensphasen anführt und interpretiert.

Ingrid Riedel
Träume
Wegweiser
in neue Lebensphasen
*200 Seiten, Hardcover
mit Schutzumschlag*

KREUZ: Was Menschen bewegt.